DIRE FARE ALLATTARE

ALLATTAMENTO
dalla A alla Z

Alessandra Durante

2020 © Alessandra Durante

www.genitoiincrescita.it

ISBN–13: 9798642432112

Tutti i diritti riservati

Alla perseveranza delle mamme

SOMMARIO

PREMESSA 10

LA MIA STORIA 13

A - Allattamento 16

B - Bonding e rooming in 23

C - Coliche 27

D - Dolore 36

E - Emozioni 40

F - Farmaci e sostanze 60

G - Giudizi 69

H - Ho abbastanza latte? 78

I - Ingorgo, dotto ostruito, mastite e candida 89

L - Latte 98

M - Mamma e papà 107

N - Nanna 113

O - Ostacoli 126

P - Posizione 137

Q - Quantità 150

R - Ragadi 155

S - Seno 160

T - Tiralatte 166

U - Utilità 174

V - Vizio 178

Z - Zapping 185

APPENDICE 197

BIBLIOGRAFIA E SITOGRAFIA 210

PREMESSA

Un volumetto pratico, scritto senza la pretesa di un saggio medico o di un trattato scientifico. Il tentativo di rispondere alle più comuni domande di una neomamma sull'allattamento al seno, senza l'illusione di poter essere esaustivo, essendo il tema dell'allattamento uno dei più ampi e complessi.

Quando le difficoltà aumentano, quando ci si sente sole, quando non si ha la vicinanza di persone competenti e di sostegno, ogni contatto con informazioni chiare e aggiornate può fare la differenza.

In questo libro una neomamma può trovare riassunte le principali indicazioni riguardanti l'allattamento al seno.

Per quanto riguarda i dati relativi all'allattamento esclusivo al seno, al momento della nascita circa il 90% delle mamme attacca il bambino al seno. Quindi è possibile presumere che circa il 90% delle mamme parta con il desiderio di allattare il proprio bambino (i dati parlano di un 96% di mamme che in gravidanza hanno espresso il desiderio di voler allattare il proprio bambino).
Alle dimissioni dall'ospedale il dato medio dell'allattamento esclusivo già si abbassa al 77%. Cosa succede durante i giorni di degenza? Cosa accade alle dimissioni?
Ma il dato più rilevante è che a 4 mesi dal parto solo il 31% delle mamme allatta esclusivamente al seno e a 6 mesi il dato è allarmante: solo 10 mamme su 100 allattano esclusivamente al seno (in Francia circa il 25%, in Olanda oltre il 30%, in Spagna il 35%, in Finlandia addirittura l'80%).
Questi dati ci segnalano sicuramente una forte discordanza rispetto alle indicazioni dell'Organizzazione Mondiale della Sanità che consiglia l'allattamento esclusivo al seno per i primi 6 mesi.
Emerge così forte la necessità di una rete di supporto territoriale che possa affiancare le neomamme e garantire assistenza nel percorso dell'allattamento. Perché, se la scelta di allattare al seno deve rimanere una decisione personale

di ogni mamma, è altrettanto vero che è indispensabile supportare tutte le mamme che desiderano allattare con percorsi gratuiti e di prossimità.
Il passaggio al latte artificiale deve rappresentare una scelta (assolutamente legittima se presa con consapevolezza) e non una rinuncia. Una mamma che decide di passare al latte artificiale lo deve fare per motivazioni che sente forti e importanti (o per necessità verificate con il proprio pediatra), non per resa, portandosi spesso dietro una sensazione di "sconfitta".

In questo libro non verrà mai, in nessun modo, criticata la scelta dell'allattamento artificiale. Anzi, ribadiamo fin dall'inizio la grande fortuna di avere oggi un sostituto del latte materno valido e studiato appositamente per il neonato. Latte che non potrà mai eguagliare le caratteristiche di quello materno ma che potrà garantire un nutrimento assolutamente adatto al nostro bambino.
Quello che però questo libro vorrebbe trasmettere alle mamme che lo hanno fra le mani è la possibilità di trovare sempre un supporto valido e competente per poter proseguire il proprio allattamento serenamente qualora lo desiderino. Che nessuna difficoltà, nessun dubbio, nessuna paura siano senza soluzione. E che quel desiderio di allattare potrà sempre essere realizzato.

Questo libro non potrà mai sostituire la professionalità di una consulente allattamento IBCLC o della Leche League, la sua assistenza e la possibilità di valutare e sostenere ogni situazione e ogni sfumatura. Ma sicuramente può rappresentare un primo supporto per rispondere a tanti dubbi e insicurezze.

Un valido strumento non solo per la mamma che si sente oppressa dalle tante domande e i mille dubbi, bensì una lettura utile anche per i papà e per tutte le figure che si trovano vicino alla nuova famiglia. Parenti e amici che cercano le informazioni corrette, aggiornate e le parole migliori per incoraggiare una neomamma impaurita, confusa e in difficoltà.

Spesso gli affetti che circondano una neomamma, nel tentativo di supportarla, esprimono osservazioni, giudizi o consigli che si basano su posizioni ormai superate (che erano considerate corrette molti anni fa ma che le ricerche hanno dimostrato essere sbagliate).

"Dire Fare Allattare – Allattamento dalla A alla Z" rappresenta una raccolta di spunti e indicazioni per vivere serenamente e positivamente l'allattamento. Contiene informazioni tratte dalle fonti ufficiali che si approcciano all'allattamento (Organizzazione Mondiale della Sanità, Unicef, La Leche League ecc.) spesso non semplici da reperire.

Ma non solo questo. In ogni capitolo si cerca sempre di trasmettere anche una sintonia emotiva che aiuta una mamma a sentirsi capita e accolta nelle sue difficoltà. Un'indagine che tocca anche le emozioni e le sensazioni che caratterizzano l'esperienza dell'allattamento. Con l'obiettivo di tendere una mano e di avvolgere la mamma in quell'abbraccio di incoraggiamento che spesso è più efficace di molte altre parole.

LA MIA STORIA

Sono sempre stata una persona sicura di me, capace di affrontare e gestire ogni esperienza con consapevolezza.

L'arrivo della mia prima figlia e l'esperienza dell'allattamento hanno fortemente messo in discussione quella parte di me che ritenevo essere così radicata nella mia personalità, tanto da essere il mio tratto distintivo.

Perdere quella mia sicurezza mi ha gettato nello sconforto e nella sensazione che quell'esperienza mi stesse togliendo più di quello che mi stesse regalando.

E mi sono sentita sola. Nonostante avessi un grande supporto da parte della famiglia e del consultorio avevo la sensazione che quello stato d'animo appartenesse solamente a me. Come se solo io non fossi né pronta né adatta a diventare mamma.

Sui social network o nelle chat di whatsapp sentivo solo parlare di "magia", di bellezza, di felicità. E così i media mi avevano presentato la maternità. I film, le serie tv, i poster, le foto sulle riviste mi avevano presentato la maternità come qualcosa di idilliaco. E questa non poteva che essere la mia aspettativa.

Nessuno mi aveva parlato delle difficoltà, della paura, dell'allattamento in maniera obiettiva. Senza edulcorare la pillola o senza il desiderio di apparire una "brava mamma" nascondendo la parte più complicata. Molti dicono di non farlo altrimenti passerebbe a tutte la voglia di avere un bambino. Ma non è così. Affrontare con amiche e conoscenti anche gli aspetti più complicati aiuterebbe invece a vivere con consapevolezza e senza sensi di colpa molti momenti della maternità.

Solo quando ho cominciato a condividere quello che provavo, anche i sentimenti più difficili da accettare, mi sono sentita finalmente compresa.

Soprattutto da altre mamme che avevano lo stesso bisogno di sfogarsi e di confrontarsi sulla parte meno piacevole di questa esperienza.

Senza mai negare la straordinarietà e l'incanto di quella nuova vita. Ma dando spazio anche alle sensazioni più spiacevoli, alla paura, alla stanchezza, al rifiuto. A tutte quelle emozioni che sembrava quasi una colpa provare.

E l'allattamento ha avuto un ruolo molto importante in questo mio senso di smarrimento. Nessuno intorno a me aveva allattato: non mia mamma, non le mie migliori amiche. Le poche conoscenze che avevo e che avevano allattato lo avevano fatto molti anni prima, con indicazioni completamente diverse rispetto a quelle che avevo ricevuto al corso preparto.

Il primo pensiero che ho, se ripenso alla mia esperienza di allattamento, è che "mi sono aiutata da sola". E ogni volta che focalizzo questo pensiero mi rendo conto di quanto sia sbagliato il sistema: un sistema che ti assiste attentamente per tutta la gravidanza per poi "abbandonarti" nel momento in cui avresti maggior bisogno di un confronto professionale.

Ed è proprio spinta da questa consapevolezza che mi sono avvicinata al mondo della consulenza allattamento, concludendo un percorso di formazione come peer supporter con l'obiettivo di diventare consulente allattamento IBCLC nel giro di qualche anno.

E desidero consigliare a ogni mamma che se la sente di intraprendere il percorso di formazione come "mamma alla pari": un corso di 20 ore (ne esistono anche online) di approfondimento sul supporto allattamento. La peer supporter non è una figura professionale e svolge la sua attività gratuitamente, in presenza o con gli strumenti digitali. Propone un affiancamento prevalentemente emotivo dando risposte alle più comuni domande che ogni neomamma si pone quando si approccia ad ogni nuova esperienza di allattamento. La mamma alla pari ha inoltre la capacità di comprendere le situazioni in cui è necessario un intervento professionale, di una consulente IBCL o di personale sanitario, accompagnando la mamma verso l'individuazione del professionista migliore a seconda della situazione.

C'è un grandissimo bisogno di vicinanza e di supporto alle neomamme. Soprattutto in un periodo storico come questo in cui molte mamme si trovano a vivere lontano dalla propria famiglia d'origine, senza una cerchia di affetti intorno che possano essere di supporto.

Le ricerche che si sono sviluppate soprattutto negli ultimi anni hanno reso inoltre obsolete tutte le competenze che la generazione precedente a questa aveva costruito sul tema dell'allattamento.

Per questo motivo è sempre più necessario creare una rete di sostegno il più capillare possibile sul territorio nazionale, in modo che ogni neomamma che ne senta il bisogno possa trovare un punto di riferimento accessibile e competente a cui rivolgersi per sciogliere i dubbi e ricevere incoraggiamento e rassicurazione.

Da qui nasco io, come mamma alla pari. E da qui nasce questo libro. Per poter arrivare come una carezza, come quella parola di incoraggiamento, per ogni nuova famiglia che ne sente il bisogno in un momento tanto delicato quanto importante come l'allattamento.

A

ALLATTAMENTO

Se oggi ti trovi qui, davanti a queste pagine, è perché ti senti in difficoltà o semplicemente confusa, oppure senti il bisogno di confrontarti sul tema dell'allattamento al seno.

La verità è che l'allattamento è un'esperienza incredibile, che meriterebbe maggior sostegno e comprensione; maggiore aggiornamento tra le figure professionali e una rete di supporto che possa affiancare la mamma dopo le dimissioni. Un argomento per cui non è sufficiente un libro e qualche nozione ma che avrebbe bisogno di un vero e proprio percorso di accompagnamento della diade fino al termine dell'esperienza.

Un'esperienza che spesso non si rivela quella che ci si aspettava. Un netto contrasto rispetto alle immagini che la comunicazione pubblicitaria e di sensibilizzazione sull'allattamento diffondono. Comunicazione che troppo spesso contribuisce a gettare le neomamme nello sconforto di non riconoscersi in quei modelli proposti dalla società. Gli occhi dolci, i sorrisi, le espressioni rilassate e sognanti. Molte neomamme sperimentano la sensazione di contrasto tra le aspettative della società proposte sui manifesti e negli spot televisivi e la realtà.

È importante parlarne apertamente e affrontare l'argomento con onestà e obiettività, senza sminuirne l'importanza ma aprendosi all'ascolto e all'accoglienza delle difficoltà che molte mamme incontrano.

L'allattamento rappresenta un'esperienza molto impegnativa. Sicuramente importante e coinvolgente ma altrettanto stancante e totalizzante.

Ogni mamma, alla sua nuova esperienza di allattamento, è un nuovo mondo che si spalanca e che ha bisogno di attenzioni, di premura e di cure dedicate.

L'allattamento non può essere ridotto a un mero atto fisico. È un'esperienza che coinvolge dal punto di vista emotivo, fisiologico e mentale.
Un momento importante, che spesso rappresenta la prima grande difficoltà che una neomamma incontra, che si trovi al primo, al secondo o all'ennesimo figlio. Ogni esperienza di allattamento, ogni diade che nasce, deve essere accolta e accompagnata perché presenta caratteristiche e fragilità uniche.

Rispetto al passato, inoltre, viene meno la vicinanza della rete amica. Dei familiari che possano accudire la mamma e sollevarla da altre incombenze in modo che possa dedicarsi esclusivamente alla nuova vita. Lo stesso ruolo della donna è profondamente cambiato e ogni mamma ha il desiderio di realizzarsi come donna anche oltre la sfera strettamente familiare.

Ed è per questo e altri aspetti, più o meno piccoli ma estremamente importanti, che l'esperienza dell'allattamento si rivela spesso un periodo difficile che merita tutto il supporto necessario perché possa iniziare e proseguire positivamente.

Sicuramente l'allattamento è un tema che si affronta con troppa superficialità e rapidità all'interno dei corsi preparto, dove l'attenzione è focalizzata sul travaglio e sul momento del parto. Arrivare preparate anche sull'allattamento permetterebbe a moltissime mamme di affrontare con maggiore serenità le prime settimane, impedendo ai dubbi e alle insicurezze di prendere il sopravvento.

Un suggerimento molto utile per una donna in gravidanza è quello di contattare una mamma alla pari o peer supporter prima ancora del parto, per un confronto sul tema allattamento, chiedendole di raccontarle le varie fasi e sciogliendo i primi dubbi. Si creerà così un rapporto di fiducia che potrà rivelarsi molto utile durante tutto il percorso di allattamento, avendo già un punto di riferimento importante a cui rivolgersi per trovare le risposte ai dubbi che sorgeranno.

L'**Organizzazione Mondiale della Sanità** – OMS consiglia l'allattamento esclusivo (senza l'introduzione di nessun alimento, solido o liquido, diverso dal latte materno) fino ai 6 mesi di età e sostiene che fino ai 12 mesi il latte debba rimanere l'alimento prevalente nella dieta di un bambino. Sempre l'OMS consiglia un allattamento prolungato fino a 2 anni e oltre, se mamma e bambino lo desiderano.

Queste indicazioni si basano sulla consapevolezza della "perfezione" del latte di quella mamma per il proprio bambino (basti pensare che il latte prodotto da una mamma di un bambino nato prematuro è diverso dal latte di una mamma che ha partorito a termine, per le diverse esigenze di protezione che un bambino prematuro necessita – il latte materno è talmente prezioso in caso di bambini prematuri che se non fosse possibile allattare subito il proprio bambino, sarebbe comunque opportuno tirarsi il latte, anche pochissime gocce, e congelarlo per poterglielo poi offrire appena sarà possibile).
Un alimento che segue la crescita del bambino, che si differenzia nell'arco del periodo di allattamento. Ma non solo, il latte materno, a differenza del latte in formula, modifica la sua composizione anche durante la giornata e perfino all'interno della stessa poppata proprio per andare a soddisfare le diverse esigenze che un neonato può avere.
Inoltre, tralasciando per un attimo tutti i valori nutritivi del latte materno, è fondamentale prendere consapevolezza del suo valore protettivo. Il colostro in primis, ma in generale il latte materno, sono un concentrato di anticorpi e di elementi protettivi che permangono per tutta la durata dell'allattamento, anche quando questo si prolunga per anni (quindi non ha alcun senso l'affermazione "il mio latte è diventato acqua" oppure "il mio latte non è abbastanza nutriente" – non esiste niente al mondo di più adatto del tuo latte per il tuo bambino).
Ricerche hanno dimostrato che allattare a lungo comporta un elevato valore protettivo sia nella mamma sia nel bambino. Per il bambino il latte materno previene molte malattie legate al metabolismo (obesità, diabete ecc.), patologie cardiovascolari e lo sviluppo di allergie e perfino di alcuni tumori. Per la mamma, invece, è stato dimostrato che l'allattamento al seno previene l'osteoporosi e riduce l'incidenza di tumori al seno e alle ovaie oltre a ridurre i sintomi di alcune patologie croniche.

Nel passato si parlava spesso di **allattamento a orari**. Fin dalle dimissioni dall'ospedale l'allattamento veniva gestito nello stesso modo in cui veniva gestita la somministrazione di latte artificiale. Veniva suggerito alle mamme di aspettare circa 3 ore tra un pasto e l'altro per permettere al bambino di digerire e per "educarlo" al rispetto degli orari. Molte mamme, per calmare i pianti di neonati che non riuscivano a rispettare questi intervalli imposti, finivano presto con il somministrare tisane o a cedere all'aggiunta riducendo così progressivamente la produzione di latte e abbandonando l'allattamento al seno.

Le ricerche degli ultimi 20 anni hanno dimostrato che l'approccio più corretto all'allattamento è quello a richiesta.
L'**allattamento a richiesta** consiste nell'offrire il seno al bambino quando lo richiede, assecondando il suo istinto e senza imporre tempistiche esterne.

L'allattamento a richiesta presenta numerosi aspetti positivi che è fondamentale conoscere per poterlo affrontare con maggiore consapevolezza:

- aiuta a **calibrare la produzione di latte** sulle reali esigenze del bambino e risolve in maniera assolutamente naturale i dubbi relativi alla scarsa produzione. Se il bambino viene attaccato tutte le volte che lo richiede il seno produrrà automaticamente la quantità di latte a lui necessaria;
- favorisce una **maggiore conoscenza tra mamma e bambino**. Leggere i segnali che il neonato invia e soddisfarli subito rafforza il legame emotivo della diade. Il bambino, seppur piccolo, avrà la conferma che la sua mamma comprende le sue esigenze;
- facilita lo **svuotamento del seno** frequentemente riducendo drasticamente il rischio di ingorghi e mastiti causate da un accumulo di latte non drenato;
- migliora l'**acquisizione delle competenze del bambino relative al senso di fame e di sazietà**. Il bambino non sarà costretto a rispettare quantità imposte da tabelle mediche ma potrà sviluppare una forte autoregolazione nella gestione dell'istinto legato alla fame che si porterà dietro come imprinting nelle fasi successive. Un **corretto approccio al rispetto di tempi e quantità istintive del bambino** è il primo passo per limitare il rischio di problemi legati all'alimentazione in futuro;
- **soddisfa bisogni molto diversi tra loro** tra cui bisogni affettivi e di rassicurazione che potrebbero manifestarsi senza orari e senza essere necessariamente collegati alla fame.

Allattare a richiesta è quindi, senza dubbio, la scelta auspicabile per questi e molti altri motivi che approfondiremo nel corso dei prossimi capitoli.

È però importante non nascondersi dietro ai buoni propositi negando l'evidenza: allattare a richiesta giorno e notte può essere estremamente faticoso. Nelle prime settimane, un neonato avrà la necessità di poppare ogni 2/3 ore (conteggiate dall'inizio della poppata precedente), per una media di circa **8/12 poppate nell'arco delle 24 ore**. Alcuni bambini potrebbero avere un ritmo iniziale più lento, altri invece potrebbero richiedere il seno anche più di 12 volte in un giorno.

Anche la **durata delle poppate** varierà da bambino a bambino: alcuni fanno poppate molto brevi ma voraci (della durata di circa 10 minuti) mentre altri bambini potrebbero rimanere attaccati anche per oltre un'ora. La durata della poppata non influenza il numero complessivo delle poppate nell'arco della giornata: non è detto che con poppate più corte un neonato richieda il seno più frequentemente e con poppate più lunghe limiti il numero di richieste. Ci sono bambini che pur facendo poppate molto lunghe richiedono il seno con una grande frequenza e, viceversa, bambini che con poppate brevi assumono la quantità di latte necessaria anche in poche poppate nell'arco delle 24 ore.
Lo stesso vale per la quantità di latte: la durata di una poppata non ci dice molto circa la quantità di latte assunta.

Anche la **regolarità delle poppate** comincerà a manifestarsi intorno al terzo mese. Nelle prime settimane sono frequenti episodi di "poppate a grappolo" ossia richieste molto molto ravvicinate (si manifestano soprattutto in orario serale); oppure poppate molto lunghe che sembrano aver esaudito le richieste mentre invece il bambino richiede nuovamente di essere attaccato al seno anche solo 10 minuti dopo per terminare la poppata. È importante rispondere ai segnali di richiesta appena questi si manifestano, non importa per quante volte e con quale frequenza. Il bambino ha una ragione per richiedere il seno e anche se questa è per noi apparentemente irrazionale e inspiegabile, per lui non lo è.

Un'indicazione importante per terminare la poppata è quella di attendere che il bambino si stacchi da solo dal seno. Nelle prime settimane il bambino tenderà ad addormentarsi sfinito dopo una poppata e abbandonerà di sua spontanea volontà il seno. Non è necessario interrompere la poppata (nemmeno se dura da molto tempo – un'ora o più –), anzi, questa pratica è controproducente. Innanzitutto, impedisce al seno di regolarsi esattamente sulla richiesta del bambino. In secondo luogo, non permette il completo svuotamento del seno aumentando il rischio di ingorghi e mastiti.

A livello di **alternanza dei seni** è importante permettere al bambino di svuotare completamente un solo seno. Se il bambino dimostra ancora fame si può provare a proporre l'altro seno, altrimenti la poppata può ritenersi conclusa anche se la suzione è avvenuta solo da una parte. Alla poppata successiva si proporrà al bambino l'altro seno per stimolare una produzione di latte adeguata da entrambi i seni. Questo almeno per i primi mesi. Nei mesi successivi potrebbe invece essere utile alternare entrambi i seni all'interno della stessa poppata ma sarà lo stesso bambino a dare questa indicazione alla mamma, dimostrandosi ancora affamato dopo aver concluso la poppata da un seno.
A volte può succedere, per svariati motivi, che si riesca ad allattare solo da un lato (ad esempio in caso di interventi al seno precedenti). È possibile proseguire serenamente l'allattamento anche da un seno solo (per il periodo dell'allattamento i due seni avranno dimensioni molto diverse ma è assolutamente normale). Il seno da cui si allatta calibrerà la produzione sulla base della richiesta che il bambino farà da quella parte.

A livello di **produzione di latte**, tutti gli studi finora condotti hanno dimostrato che la velocità di produzione aumenta quando il seno è vuoto e rallenta quando il seno è pieno (per questo e per altri motivi che vedremo in seguito, avere il seno morbido e apparentemente vuoto è un ottimo segnale, non un problema come purtroppo si tende erroneamente a credere). Un meccanismo ormonale (il FIL) si attiva a seconda del grado di pienezza del seno: se il seno viene svuotato di frequente dal bambino e a lui si lascia decidere quando terminare la poppata (senza controllare l'orologio) un ormone specifico attiverà la produzione di nuovo latte in maniera molto più efficace e rispondente alle esigenze del piccolo. Attenzione che il seno non sarà mai completamente vuoto proprio perché ogni volta che il bambino succhia per estrarre latte questo verrà automaticamente prodotto. Per cui quando si parla di seno "vuoto" si intende "ben drenato" senza più latte depositato nei dotti.

L'impegno dell'allattamento a richiesta non è da sottovalutare. È necessario essere pazienti, prendersi cura di sé con la stessa importanza con cui ci si prende cura del proprio bambino. È altrettanto fondamentale delegare tutti i compiti non strettamente legati alla diade e chiedere il sostegno di una consulente allattamento per risolvere sul nascere dubbi e criticità che se trascinati troppo a lungo potrebbero compromettere il percorso di allattamento.

Qualsiasi problema in allattamento ha una soluzione.

Sicuramente è importante non trascurare difficoltà e non imporsi sopportazioni inutili che possono creare traumi o blocchi legati all'allattamento. Un colloquio con una mamma alla pari può sciogliere dubbi e superare momenti di sconforto. Con la consapevolezza che, una volta avviato, l'allattamento sarà sempre meno faticoso, soprattutto dal punto di vista emotivo. Continueranno a presentarsi situazioni apparentemente difficili da gestire, ma è importante affrontare ogni criticità nel momento stesso in cui si concretizza. Costruirsi scenari potenziali che non si avrà mai la certezza che si presentino non è un atteggiamento costruttivo. Ogni allattamento è un percorso unico e irripetibile e confrontarlo con preconcetti o altre esperienze non farà altro che alimentare insicurezze. È importante invece affrontare ogni fase per come si presenta all'interno della diade e trovare le soluzioni migliori per ogni mamma e ogni bambino.

B

BONDING E ROOMING IN

Per **bonding** si intende quella pratica ormai diffusa in molti ospedali di consentire il **contatto pelle a pelle** tra mamma e bambino, subito dopo il parto. Il bagnetto, la vestizione, il controllo del peso e tutte le visite di routine, vengono rimandate per dare la precedenza a questo momento intimo fondamentale.
Il contatto pelle a pelle consente al bambino di affrontare la nascita e la separazione dalla mamma in maniera più delicata e graduale e, alla mamma, di iniziare la creazione di quel legame emotivo, fisico e psicologico che la accompagnerà per gli anni a venire.
Appoggiare il bambino appena nato sul petto della mamma, prima ancora di tagliare il cordone ombelicale, è un gesto di grande attenzione nei confronti di un momento, come quello della nascita, che seppur circondato da gioia e felicità, rappresenta anche una situazione traumatica di distacco.

Il bonding, inoltre, viene fortemente consigliato per favorire un avviamento naturale dell'allattamento al seno: il bambino appena nato, in maniera molto istintiva, appena si sarà tranquillizzato e ne sentirà il bisogno, cercherà da solo il seno della mamma per iniziare l'allattamento.

Perché il bonding abbia davvero l'effetto positivo che ci si aspetta, però, non deve essere imposto: alcuni parti, purtroppo, sono molto faticosi e lasciano la mamma senza forze e con strascichi emotivi da non trascurare.
È assolutamente controproducente costringere la mamma ad un contatto che in quel momento fatica ad accettare o che rischierebbe di generare un rifiuto ancora maggiore.

Il bonding può essere tranquillamente proposto al papà, una figura sicuramente più tranquilla in quel momento e che può trasmettere serenità al bambino. Quando la mamma se la sentirà potrà recuperare quel contatto e provare ad avviare l'allattamento.

È però altrettanto importante che l'avvio dell'allattamento venga favorito entro la prima ora dal parto (40 minuti sarebbe ancora meglio), quando la ricettività del bambino si presenta al massimo livello, prima di addormentarsi. Questo si è studiato essere l'intervallo migliore per avviare positivamente l'allattamento ed è un tempo che deve essere tutelato in tutti i casi possibili, rimandando ogni intervento non strettamente necessario.

Anche in caso di parto cesareo è importante aiutare la mamma ad avviare l'allattamento entro la prima ora dal parto, sostenendola e spiegandole come tenere il bambino stando attenta alla ferita e gestendo i dolori.
Troppo spesso viene trasmessa l'idea che dopo un parto cesareo non sia possibile allattare o che sarà molto difficile. Questo non ha nessun riscontro scientifico. È però fondamentale, soprattutto in caso di cesareo d'urgenza, dove la mamma non era preparata e ha subito una decisione medica che dovrà metabolizzare, sostenerla e incoraggiarla ad avviare l'allattamento. Sicuramente i dolori e la paura per la ferita saranno un limite nella gestione del bambino e nel tenerlo nella posizione corretta. Per questo è davvero importante il supporto delle ostetriche in ospedale ed eventualmente il contatto con una consulente allattamento una volta rientrata a casa per ottenere l'aiuto necessario ad affrontare la prima fase.
Un'informazione molto importante da conoscere per approcciare consapevolmente l'avvio di un allattamento dopo un cesareo riguarda la somministrazione dei farmaci durante il parto. L'anestesia necessaria per un taglio cesareo (in parte minore anche l'epidurale ha questo effetto) potrebbe avere due conseguenze che di cui è importante avere coscienza.
Da un lato il bambino potrebbe presentarsi più "sonnolento" e fare poche poppate durante la giornata o addormentarsi spesso al seno. Questa situazione potrebbe permanere per qualche giorno, fino a quando i farmaci che sono stati assorbiti dal bambino non verranno completamente espulsi. Inoltre, il calo fisiologico dei primi giorni potrebbe essere maggiore: sia perché il bambino poppa meno e prende meno latte, sia perché alla nascita il peso del bambino è "gonfiato" da una piccola parte di farmaco anestetico che viene assorbito dal bambino e che nei giorni a seguire viene espulso. Sulla base di questi elementi, capita ancora troppo spesso che i bambini nati con parto cesareo, che quindi presentano un calo fisiologico più accentuato rispetto ai bambini nati con parto naturale, vengano dimessi dall'ospedale con la

prescrizione dell'aggiunta di latte artificiale. Solitamente, dopo pochi giorni la situazione complessiva si ristabilisce senza che l'aggiunta sia realmente necessaria. È quindi importante parlare in maniera chiara e consapevole con il pediatra e valutare insieme il quadro complessivo alla luce di queste informazioni. Se anche il pediatra ritenesse comunque importante l'aggiunta è sempre bene ricordarsi che la prima soluzione resta quella di somministrare, se possibile, aggiunta di latte materno, estratto con il tiralatte.

Per **rooming–in**, invece, si intende una prassi che sta prendendo sempre più piede nella maggior parte degli ospedali: il bambino viene lasciato nella stanza insieme alla mamma per tutto il tempo del ricovero.

Non esistono più le vecchie nursery, quelle stanze con la vetrata, colme di piccole cullette.
Il rooming–in favorisce la conoscenza tra mamma e bambino prima delle dimissioni, in modo che la mamma non si trovi, una volta rientrata a casa, con un bambino che i primi giorni è stato accudito dalle infermiere senza che lei abbia affrontato le proprie difficoltà chiarendole col personale a disposizione.
Il rooming–in favorisce, inoltre, proprio l'avvio dell'allattamento a richiesta: la mamma potrà rendersi immediatamente conto delle richieste del bambino avendolo sempre con sé. Se invece il bambino venisse portato alla mamma ad orari stabiliti dal personale medico, la richiesta del bambino non potrebbe essere soddisfatta nel momento in cui si presenta, interferendo con la corretta stimolazione del seno, indispensabile per l'avvio della calibrazione e della produzione di latte (meccanismo che sarà ancora più importante nei giorni a seguire, dopo le dimissioni dall'ospedale, e che è bene sperimentare fin dall'inizio).

Sicuramente il rooming–in rappresenta una pratica importante per facilitare l'inizio della relazione mamma/bambino. Anche in questo caso però, spesso, è necessario essere disponibili a mediare con la difficoltà e la stanchezza di una neomamma.
Se ci si sente provate e si capisce di aver bisogno di riposare ma il bambino piange ininterrottamente oppure il solo fatto di averlo accanto agita la mamma che teme di non sentirlo o non le permette di prendere sonno per l'ansia che inizi a piangere, è assolutamente necessario chiedere al personale del nido di tenere il bambino per qualche ora di riposo.

Riprendersi bene dal parto e da tutto quello che ne segue è altrettanto fondamentale. Lo stesso allattamento si avvia meglio e con più facilità se la mamma è riposata e rilassata. Una mamma stanca e nervosa, che non riesce a riprendere le forze e le energie e che viene immediatamente costretta a badare al proprio bambino senza sosta e senza che si sia davvero ripresa, rischia di compromettere l'allattamento.
Meglio qualche ora in meno col proprio bambino ma con una serenità maggiore. L'allattamento ha bisogno di riposo e di tranquillità per avviarsi.

Quindi, nonostante queste pratiche vengano proposte per favorire proprio l'allattamento, spesso rischiano di diventare imposizioni che invece lo rendono difficile e faticoso. Se non ce la si sente è necessario che la mamma chieda subito supporto e sostegno. Se c'è la necessità di riposare e di farsi tenere il bambino da qualcun altro è indispensabile avere il coraggio di chiederlo, senza per questo sentirsi inadeguate o sbagliate rispetto alle mamme che invece riescono fin da subito ad accudirlo.

Ogni mamma è diversa, ogni mamma ha esigenze diverse, ogni parto è stato diverso e ognuna deve imparare ad ascoltare il proprio corpo. Questo approccio sarà fondamentale per tutto l'allattamento e per l'intero rapporto con il bambino, soprattutto durante il primo anno di età.

Una mamma serena e rilassata rappresenterà sempre il meglio per il proprio bambino.

C

COLICHE

Le **coliche del neonato** sono tra le difficoltà più grandi che una mamma si trova a gestire durante i primi mesi.
Le coliche riguardano sia bambini allattati al seno, sia bambini che prendono il biberon, bambini nati a termine e prematuri, quelli che dormono e quelli che faticano a prendere sonno.
Possono senza dubbio esserci soggetti più predisposti di altri e bambini che non ne sono coinvolti.

Per "coliche gassose del neonato" si intendono quegli episodi di pianto incontrollato che fatica a calmarsi. Di prassi, si parla di coliche davanti a episodi che durano almeno 3 ore e che si presentano per almeno 3 volte nell'arco di una settimana, per almeno 3 settimane consecutive. Che iniziano, solitamente, a partire dai 20 giorni/1 mese del neonato e che possono durare fino ai 3/4 mesi.

Ma questa, come al solito, è la teoria.
Nella pratica, una mamma non avrà mai la lucidità per monitorare la durata, la frequenza e la cadenza di questi episodi per poterli definire "coliche". L'attenzione di una mamma sarà completamente concentrata sul tentativo di calmare il pianto del bambino e trovare dei rimedi utili ed efficaci.

Le coliche dei neonati sono sempre esistite e nessuno pare aver mai trovato una cura certa e definitiva. Questo ha portato i pediatri più moderni e aggiornati a metterne in discussione l'esistenza, arrivando a sostenere che le coliche del neonato non esistano.
Il termine "coliche" venne attribuito a questi episodi di pianto inconsolabile dei neonati, a seguito dell'uscita di un articolo del 1954 che le definiva così.
In realtà non è mai stata dimostrata alcuna similitudine tra i sintomi delle coliche gassose di un adulto e ciò che scatena il pianto di un neonato.
Spesso si è attribuito il fastidio alla presenza di aria nella pancia, utilizzando

medicinali e metodi (come il sondino) che ne facilitassero l'espulsione. Molto probabilmente, però, l'aria accumulata potrebbe essere proprio una conseguenza di quelle crisi di pianto disperate in cui i bambini ingurgitano elevati quantitativi di aria, non la causa che li scatena.
In realtà, la linea di pensiero più attuale, non nega l'esistenza di episodi di pianto incontrollato e impossibile da calmare nei neonati da 1 a 4 mesi, che si presentano ogni sera, più o meno alla stessa ora senza possibilità di tranquillizzare il bambino. Quello che viene messo in discussione è la necessità di curare "medicalmente" questi episodi.

Alcuni addetti ai lavori, sostengono in maniera non troppo velata, che i medicinali prescritti per gestire le coliche di un neonato hanno un'utilità molto relativa: una volta somministrati al bambino, metteranno i genitori in uno stato di tranquillità. Questa tranquillità indotta al genitore aiuta a creare un'atmosfera più rilassata che limiterà la durata dell'episodio.

Nella maggior parte dei casi, quindi, le "coliche" del neonato sarebbero in realtà legate alla difficoltà di gestire numerosi stimoli (uditivi, olfattivi, tattili, gustativi e visivi) tutti insieme. Per 9 mesi, il bambino ha vissuto in un ambiente ovattato: sempre la stessa temperatura, poca luce soffusa, suoni attutiti e per lo più regolari. Improvvisamente viene catapultato in un mondo di stimoli che per noi sono normali ma per un bambino possono creare delle tensioni che scatenano questi pianti inconsolabili. Nelle primissime settimane il neonato tende a dormire per la maggior parte del tempo e a lasciarsi attraversare da questi stimoli. Passate le prime settimane, invece, il bambino diventa più reattivo e probabilmente inizia a percepire questi stimoli. Questo spiegherebbe il motivo per cui quelle che vengono definite "coliche" non si presentano fin da subito, ma solo dopo qualche settimana dalla nascita, quando il bambino resta sveglio un po' di più e inizia a recepire gli stimoli e a doverli rielaborare. Magari senza che ce ne accorgiamo verrà spaventato, disturbato, affaticato. E tutto questo vissuto potrebbe portare ad un punto di sfogo, in cui un neonato cerca di liberarsi di quanto accumulato durante la giornata, nell'unico modo che conosce: piangendo.

In questo libro la linea è quella che condivide la posizione dei pediatri sul fatto che sicuramente esistono episodi di pianto ripetuto e difficilmente calmabile ma che questi non siano da "curare" con farmaci come se si trattasse

di vere e proprie "coliche" come quelle degli adulti. Siamo concordi nel dire che quelle che vengono definite "coliche" hanno un'origine emotiva, legata agli stimoli che il bambino riceve durante la giornata e che rielabora solitamente in orario serale.
In caso di episodi particolarmente violenti è comunque opportuno valutare insieme al proprio pediatra la situazione complessiva e sarà lui a stabilire come procedere.

Quali sono i principali comportamenti che come genitori è possibile mettere in atto per gestire e limitare le coliche del neonato?

- **Ridurre gli stimoli**
  Le coliche di un neonato sono tendenzialmente il risultato dell'elaborazione difficile di una giornata piena di stimoli. Per questo motivo, nella maggior parte dei casi si verificano la sera, al termine della giornata, quando il livello di sopportazione è arrivato al limite. Per prevenire le coliche, sarebbe bene evitare di esporre i neonati a giornate eccessivamente intense. Non immaginiamoci situazioni estreme. Per un neonato anche frequenti cambi di ambiente, di temperatura, di luci, di rumori rappresentano stimoli a cui non è abituato e che deve imparare a gestire.
  Quindi sarebbe buona prassi limitare gli stimoli durante la giornata. Certamente è indispensabile ridurli al massimo durante la colica. Spegniamo le luci (ne basta una soffusa per evitare di inciampare), silenziamo tutti i dispositivi che potrebbero produrre rumori imprevisti. Non esageriamo con i tentativi di tranquillizzare il bambino: cambiando troppo spesso approccio rischiamo di agitarlo ancora di più. La colica in un neonato va accettata e il primissimo obiettivo non deve tanto essere "far smettere il bambino di piangere" quanto "aiutare il bambino a rilassarsi".

- **Accendere il phon**
  Sembrerà assurdo, ma il rumore del phon è in assoluto il rumore che tranquillizza di più un neonato. Proprio durante le coliche, accendere il phon (o l'aspirapolvere) e lasciarlo andare tenendo il bambino in braccio ad una distanza tale che possa sentire solo quel rumore e non essere disturbato da altro, lo aiuta a rilassarsi. Alcuni spiegano questo

effetto col fatto che i suoni monotoni e ripetitivi probabilmente riproducono il rumore che il bambino sentiva nella pancia della mamma: il sangue che scorre, il respiro, i movimenti addominali, il battito del cuore. Rumori che si ripetono sempre identici, senza modifiche di frequenze, toni o ritmo.

- **Semini caldi sul pancino**
Mettere qualcosa di caldo sul pancino del bambino, durante le coliche, aiuta i muscoli addominali a rilassarsi. Il pancino è probabilmente la parte che viene maggiormente coinvolta dalle coliche, esattamente come succede a molti adulti nei momenti di forte tensione. Per questo, tutti quei rimedi che possono aiutare a rilassare la parte addominale sono utili per calmare le coliche del neonato.
L'aria nel pancino potrebbe non essere una causa delle coliche ma potrebbe essere una conseguenza fastidiosa. Se il bambino è in tensione l'aria che normalmente uscirebbe senza difficoltà, fatica invece a essere espulsa proprio a causa della tensione, dando qualche fastidio in più che peggiora la situazione. Aiutare in generale il bambino a rilassarsi favorisce l'espulsione dell'aria (senza ricorrere a sondini che alla lunga sarebbero controproducenti) e la sensazione di calore aiuta a raggiungere questo obiettivo.

- **Portare in fascia**
Portare in fascia aiuta non solo a calmare le coliche nel momento della crisi, ma anche a prevenirle.
Non esistono grandi possibilità per prevenire le coliche in un neonato, ma portare in fascia sembra proprio essere una di quelle opzioni che funzionano. Potrebbe non servire ad evitarle completamente, ma aiuta a ridurne la durata e l'intensità.
La fascia innanzitutto fa sentire il bambino avvolto e protetto durante tutta la giornata, quando viene "investito" da tutti quegli stimoli che potrebbero essere la causa delle coliche.
Questo lo aiuta senza dubbio ad accoglierli meglio, senza sentirsi solo nell'affrontarli.
Inoltre, il movimento oscillante del portare in fascia e la posizione rannicchiata favoriscono l'espulsione dell'aria in eccesso e la

digestione, aiutando lo stomaco, l'intestino e i muscoli addominali a non rimanere in tensione e a non sentirsi disturbati.

Portare il bambino in fascia per lunghe ore durante la giornata riduce quasi del 50% le occasioni di pianto di un bambino di un mese.

- **Farsi aiutare da chi è più tranquillo**
  Le coliche non sono una questione della mamma.
  Le coliche del neonato sono, innanzitutto, un momento di forte tensione, nervosismo e agitazione.
  Il bambino vuole essere rassicurato. Senza dubbio, durante una crisi di coliche, l'ideale sarebbe che a tenere in braccio il bambino sia la mamma, semplicemente perché, per istinto, è la persona di cui conosce meglio gli odori, il suono della voce, il profumo della pelle.
  Se però la mamma, in quel momento, si sente particolarmente stanca, nervosa, triste è assolutamente meglio che il bambino venga affidato al genitore in quel momento più sereno, o alla persona più tranquilla.
  Nel frattempo la mamma potrebbe fare una doccia rigenerante o uscire 5 minuti (ma anche 10 o 15) a prendere una boccata d'aria.
  Questo non significa assolutamente abbandonare il proprio bambino in un momento di difficoltà. Significa imparare ad accettare di non essere nelle condizioni ideali per poterlo aiutare in quel preciso momento, farsi da parte per il tempo necessario a calmarsi e a rilassarsi, affidarlo sempre a una persona di famiglia perché il bambino ha bisogno di legami stretti e riconoscibili, per poi tornare e, se ci si sente pronte, riabbracciare il proprio bambino con maggiore serenità.

- **Allattamento o ciuccio**
  La suzione è un ottimo calmante. Il latte della mamma ancora di più. Spesso però, durante le coliche, il bambino non vuole essere allattato e non vuole tenere il ciuccio. Vuole piangere e basta. Bisogna rispettare la sua necessità e non forzarlo spingendo il ciuccio in bocca o tenendoglielo fermo contro la sua volontà.
  Molte mamme si chiedono se sia un bene allattare durante le coliche. Prima si diceva che fosse sbagliato perché si andava ad appesantire la digestione. In realtà l'allattamento ha una funzione tranquillizzante e rassicurante che proprio nei momenti di grande tensione può aiutare

a risolverli. Offrire il seno, quindi, resta ancora una delle soluzioni migliori. Se il neonato si attacca è bene lasciarlo decidere come gestire la poppata, anche se resta attaccato senza succhiare. Se invece il bambino rifiuta il seno non bisogna insistere ed è meglio provare una delle altre soluzioni proposte.

- **Massaggio**
  Contrariamente a quanto si crede, in piena crisi di pianto causato dalle coliche, il massaggio non è la soluzione ottimale. Il bambino ha bisogno di essere abbracciato e contenuto, non spogliato e adagiato. Il massaggio è invece molto efficace per prevenire le coliche. Per questo motivo, una volta che l'orario delle coliche si è stabilizzato ed è prevedibile, un'oretta prima si può anticipare la crisi proponendo un massaggio neonatale, con olio di mandorle dolci (i consultori organizzano corsi gratuiti di massaggio neonatale).

- **Il bagnetto**
  Anche nel caso del bagnetto vale quanto detto per il massaggio. Il bagnetto non ha sempre un effetto calmante. Ci sono bambini che durante il bagnetto si agitano e sui quali il bagnetto ha un effetto energizzante. Se invece per il proprio bambino il bagnetto caldo ha un effetto rilassante è possibile proporlo poco prima che inizi il pianto (quando si sarà regolarizzato l'orario in cui questi episodi si presentano). È importante invece non immergere nell'acqua un bambino già agitato e nervoso perché finirà per associare al bagnetto una sensazione negativa, rifiutandosi di farlo anche quando sarà più grande.

- **Cambiare posizione: a pancia in giù**
  La posizione del bambino adagiato sull'avambraccio, dandogli leggere pacchette sul culetto sembra alleviare un po' il fastidio delle coliche. Questo funziona soprattutto se, insieme alle coliche provocate dalla tensione generale, si associa una difficoltà ad espellere l'aria. La posizione a pancia in giù, le pacchette sul culetto o la posizione rannicchiata in fascia, favoriscono l'espulsione dell'aria in eccesso.

Spesso questo non è sufficiente a calmare la colica perché le cause sono altre, ma aiuta a limitare questo ulteriore fastidio.

- **Sussurrare**
 In assenza del phon, o se non si vuole utilizzare quello, il sussurro (il classico "shhhh shhhh shhh") direttamente nell'orecchio del piccolo ha lo stesso effetto (anche se il phon garantisce maggiore uniformità del rumore ed è più efficace). Inizia piano, dolcemente, e poi a volume sempre più alto affinché il bambino riesca a sentirti al di sopra del suono del suo pianto.

- **Non esagerare**
 Non esagerare con i rumori né con i movimenti e i sobbalzi. Il bambino è abituato a movimenti molto lenti e attutiti, quelli che sperimentava nella pancia della mamma. Anche se movimenti più bruschi, apparentemente, sembrano calmarlo, attenzione a che non smetta di piangere solo perché ancora più spaventato e in attesa di comprendere quello stimolo a cosa porterà. Bisogna cercare di lasciarsi attraversare dal pianto del bambino, senza farsi agitare, e mantenere sia il respiro, sia il movimento dondolante, molto lento e tranquillo. L'agitazione del bambino non deve alimentare quella dei genitori.

- **Il ruttino**
 Nonostante in molti sostengano che il ruttino non sia necessario come si è sempre creduto, la realtà è che tenere il bambino in verticale dopo che ha terminato la poppata e favorire il ruttino, aiuta a limitare i fastidi dovuti alla mancata espulsione di aria che andrebbe a sommarsi ai fastidi dovuti alla gestione di stimoli eccessivi o di altri fastidi.
 Non tutti i bambini richiedono di essere aiutati a fare il ruttino. Molti invece cominciano ad agitarsi già durante la poppata o appena vengono adagiati nella carrozzina o nella culla dopo aver mangiato. Se così è, basta interrompere la poppata e provare a metterli in posizione verticale per fare il ruttino e poi riprendere la poppata (o, se terminata, riprovare a metterli nella carrozzina o nella culla). Dopo il ruttino è sempre opportuno provare a riattaccare il bambino al seno. La bolla d'aria che ha causato il ruttino potrebbe aver fatto sentire sazio il

bambino quando in realtà non lo era.

Sicuramente se un bambino si addormenta al seno ed è sereno non è in nessun modo necessario svegliarlo per fargli fare il ruttino.

Molti bambini, dopo la poppata soffrono di singhiozzo. Si tratta di una condizione fisiologica che non provoca alcun fastidio al bambino. Sul singhiozzo, quindi, non è necessario intervenire. È eventualmente possibile provare ad attaccare il bambino al seno: la suzione a volte risolve il singhiozzo.

- **Le fasciature**

  Un neonato apprezza sentirsi avvolto. Per nove mesi è stato sempre in una posizione rannicchiata in cui poteva sentire i confini del liquido che lo circondava prima e del sacco amniotico poi.

  Improvvisamente si trova senza pareti, soprattutto quando viene adagiato nel lettino o nella carrozzina.

  Per questo, di solito, i bambini amano stare in braccio, per ritrovare quella sensazione di chiusura che avevano nella pancia della mamma. Per questo motivo, le fasciature del bambino, aiutano a contenere i suoi movimenti e a farlo sentire ancora protetto. Online si trovano molti video che spiegano le varie possibilità per fasciare un bambino in maniera corretta, lasciandolo comunque libero in alcuni movimenti fondamentali (e non irrigidito come le fasciature di una volta).

- **L'automobile**

  La maggior parte dei bambini (anche se ad altri invece l'auto sortisce l'effetto opposto) si tranquillizzano in automobile. Sicuramente non dovrebbe essere un'abitudine da trasmettere al bambino e molti giudizi si scagliano su quei genitori che per addormentare i bambini cedono al viaggetto in auto, convinti che poi non impareranno più ad addormentarsi in modo diverso. Come spesso si sottolinea in questo libro è opportuno affrontare le situazioni attimo per attimo. Se si presentano serate particolarmente complicate, in cui i genitori sono entrambi molto stanchi e sentono che la rabbia sta prendendo il sopravvento, è senza dubbio meglio cedere all'auto per far rilassare il bambino e prendersi una pausa. Il rischio è che non appena l'auto si fermi o nel tentativo di portare il bambino in casa, lui si svegli. Ma a quel punto, probabilmente, mamme e papà saranno più rilassati e potranno gestire il pianto con un po' di serenità in più.

Quando finiscono le coliche dei neonati?

Gli episodi di coliche nel neonato, legati a crisi di pianto inconsolabile, iniziano intorno ai 20 giorni e, solitamente, terminano autonomamente verso i 3/4 mesi.
Le coliche riguardano neonati allattati e neonati che prendono il biberon. Bambini nati con parto naturale e bambini nati col cesareo. Quelli nati a termine e i prematuri.
La cosa fondamentale è l'atteggiamento dei genitori durante le crisi di pianto. È necessario imparare ad accettare la colica come fase importante di un processo di crescita del bambino.
Il genitore non deve affannarsi nel tentativo disperato di far cessare quel pianto. L'istinto è certamente questo. Ma ciò porta a compiere azioni frenetiche e diverse una dall'altra che peggiorano la situazione.
Per i neonati che soffrono di coliche è illusorio pensare di evitargliele. Per questo bisogna imparare ad accettarle, mettendo in pratica i semplici rimedi elencati sopra.
Nell'assoluta consapevolezza che questi rimedi non elimineranno le coliche ma, piano piano, ne ridurranno la durata e l'intensità.
Quando sarà il momento passeranno da sole.
Nella fase acuta è importante stare vicino al proprio bambino, tranquillizzarlo, abbracciarlo.
La cosa migliore da fare è quindi accettarle e lasciar fare alle coliche il proprio corso, semplicemente facendo capire al proprio bambino "niente paura, sono qui".

D

DOLORE

Sul dolore causato dall'allattamento purtroppo le versioni si sprecano. C'è chi continuerà a sostenere che vada accettato, chi che non sia normale. C'è chi troverà rimedio e chi non riuscirà a sopportarlo.

Le ricerche non sono molte in questo ambito ma l'esperienza empirica dimostra che la maggior parte delle donne, soprattutto al primo figlio, testimonia dolore ai capezzoli nelle prime settimane di allattamento. Questo dolore può essere anche molto intenso (molte mamme riportano che istintivamente stingessero il bambino durante i primi minuti della poppata, come reazione al dolore provato).

È però importante che questo dolore presenti caratteristiche specifiche che lo collochino in una situazione di normalità:

- non deve presentare complicazioni quali le ragadi;
- deve essere concentrato all'inizio della poppata e affievolirsi man mano;
- deve raggiungere il suo picco massimo tra il terzo e il sesto giorno per poi ridursi gradualmente fino a scomparire entro massimo 2 settimane dal parto.

Come per ogni situazione, ci saranno mamme a cui questo dolore sembrerà sopportabile e mamme che non riusciranno a tollerarlo.
Ci saranno mamme che avranno la fortuna di non sentirne nemmeno un po'. È importante non giudicare mai questa esperienza ma consigliare alle mamme in difficoltà di chiedere il sostegno di una consulente allattamento che saprà dare le giuste indicazioni per superare positivamente questa prima fase.

Quindi è importante chiarire un punto fondamentale: il dolore al seno e ai capezzoli, anche intenso, nelle primissime settimane di allattamento è sperimentato da molte donne e non nasconde sempre e necessariamente posizioni scorrette o condizioni fisiologiche da indagare. È chiaro che questo dolore non deve presentare complicazioni e deve risolversi sia nel corso della stessa poppata, diminuendo gradualmente, sia nel complesso dell'avvio dell'allattamento, fino a scomparire entro le prime due settimane.

In caso di dolore è però sempre importante rivolgersi a personale competente o ad un'esperta allattamento per verificare che tutte le condizioni che possono causare dolore ed essere sistemate, effettivamente lo siano. Se l'attacco è scorretto quel dolore potrebbe trasformarsi in ragadi o mastite, patologie molto più complicate da gestire e da tollerare.

In alcuni corsi preparto si tende a diffondere l'idea che se il seno e il capezzolo vengono ben preparati all'allattamento non si avvertirà dolore e non si formeranno ragadi.

In realtà è dimostrato che la preparazione del seno e del capezzolo è inutile. Utilizzare oli e unguenti idratanti non è necessario. Sicuramente, se il massaggio rappresenta un momento piacevole per la mamma non ci sono controindicazioni. In ogni caso, effettuare queste pratiche non sarà garanzia di assenza di dolore o ragadi. Trattandosi in prevalenza di condizioni strettamente legate all'attacco del bambino, finché lui non inizierà ad allattare non sarà possibile evitarne la comparsa. Allo stesso modo, anche in presenza di attacco e posizione corretti, la zona del capezzolo rimarrà per qualche giorno traumatizzata dalla nuova suzione. Alcuni bambini sono molto voraci fin dalle prime poppate e sarà necessario un periodo per abituare il capezzolo a questa stimolazione.

Se il dolore persiste e diventa insopportabile, prima di sospendere l'allattamento al seno, è possibile prendere degli accorgimenti per lasciare riposare il capezzolo e limitare le sollecitazioni.
Il primo passo è sempre quello di rivolgersi a personale specializzato nell'allattamento che possa verificare che la situazione generale non sia ulteriormente migliorabile.

Se si è adottato il metodo di alternare i seni all'interno della stessa poppata, una possibilità ulteriore per lasciare riposare la zona dolente è quella di passare ad un allattamento da un seno solo per poppata così gli intervalli di stimolazione del singolo seno sono più lunghi e distanziati e permettono ai capezzoli di riposarsi per un tempo più lungo (attenzione agli ingorghi nel seno che non viene drenato).

Anche cambiare spesso la posizione di allattamento permette di sollecitare parti differenti anziché sempre la stessa zona.

Molte mamme sostengono di aver trovato sollievo nello spingere la parte del capezzolo dolente nella bocca del bambino, aiutandolo ad afferrare gran parte dell'areola. Ovviamente deve trattarsi di una "spinta" delicata, con l'obiettivo di introdurre nella bocca del bambino anche pochi millimetri in più che potrebbero essere sufficienti per non avvertire più quel bruciore intenso e paralizzante che a volte si prova all'inizio della poppata.

È inoltre fondamentale lasciare il più possibile il seno libero, senza reggiseni che potrebbero sfregare su una zona già sensibile, irritandola ulteriormente.

Se proprio nulla sembra funzionare, un grande aiuto lo offre il paracapezzolo in silicone. In questo modo il bambino succhia attraverso una tettarella che viene appoggiata sul capezzolo, evitando di andare a stimolare una zona già infiammata e dolorante. I paracapezzoli si acquistano in base a delle taglie che tengono conto sia delle dimensioni del capezzolo della mamma, sia della conformazione della bocca del bambino. Per questo motivo è bene farsi consigliare la misura corretta da parte di un'ostetrica o di una consulente allattamento.
Il paracapezzolo andrà utilizzato per un periodo il più possibile limitato, al fine di permettere al dolore di riassorbirsi e di evitare traumi emotivi che potrebbero compromettere l'allattamento.

Un'ulteriore alternativa è rappresentata dal tiralatte che può consentire alla mamma di avere un po' di tregua senza rinunciare alla stimolazione del seno per la produzione del latte. Anche il tiralatte andrebbe utilizzato esclusivamente come metodo residuale, per prendere una piccola pausa e lasciare riposare un seno estremamente dolente. Soprattutto in questa prima fase di calibrazione e assestamento dell'allattamento è fondamentale tornare alla suzione naturale da parte del bambino il prima possibile. Come per il paracapezzolo, anche per il tiralatte è fondamentale farsi consigliare da una consulente sulla scelta più corretta affinché la spremitura sia efficace e indolore.

Un ultimo suggerimento per ridurre la sensazione di dolore è quello di preferire poppate frequenti a lunghe pause. Un bambino attaccato frequentemente al seno, solitamente, è meno affamato e quindi succhia con meno vigore, sollecitando i capezzoli con maggiore delicatezza.

In ogni caso, se l'attacco del bambino è corretto e non ci sono altre condizioni fisiologiche che causano questo dolore, la condizione dolorosa dell'allattamento è una situazione circoscritta che tenderà a risolversi nel giro di poche settimane per lasciare spazio ad un allattamento sereno e positivo. Questo non è e non sarà mai un incentivo alla sopportazione del dolore. Se il dolore è intollerabile e soprattutto se non dà cenni di miglioramento o porta alla formazione di ragadi è assolutamente indispensabile rivolgersi a una consulente allattamento. È importante trovare una soluzione che eviti sofferenza e che possa rappresentare un limite all'allattamento.

E

EMOZIONI

L'allattamento non è una questione esclusivamente fisica.

L'allattamento è molto di più. Un gesto che coinvolge più di ogni altra cosa la sfera emotiva, non solo della mamma ma di tutta la nuova famiglia.

Emozioni inaspettate, che passano velocemente da sensazioni positive a sensazioni anche molto spiacevoli.

È molto importante parlare di queste emozioni perché spesso una mamma crede che ci sia qualcosa di sbagliato in lei e nelle difficoltà che incontra. Che queste sensazioni negative siano un segnale evidente del fatto che lei non sia adatta ad allattare, non sia capace o non sia portata.

L'allattamento è una situazione che può mettere fortemente in difficoltà la mamma, per questo è indispensabile non trasferire mai un'immagine eccessivamente idilliaca e poetica dell'allattamento. Il parlare apertamente delle emozioni contrastanti che l'allattamento porta con sé non ne sminuisce la portata, non ne limita l'importanza e non riduce la profondità del momento.

Serve però da conforto a moltissime mamme che affrontano sbalzi d'umore importanti e che provano sensazioni che non si aspettavano di provare. E questo le rende assolutamente uguali alla maggior parte delle altre mamme e mai sbagliate o inadatte.

Non si tratta di emozioni che tutte le mamme provano. Alcune le attraverseranno tutte, altre solo alcune. L'importante è comprendere che alcune mamme saranno più in difficoltà di altre e si sentiranno più fragili.
E quello di cui avranno bisogno non sarà mai un giudizio o il tentativo di sminuire e banalizzare una condizione. Ma sarà sempre la speranza di trovare comprensione, appoggio e incoraggiamento. Anche da chi non ha provato la stessa sensazione.

A: ABBANDONO

Una delle sensazioni più comuni potrebbe essere quella dell'abbandono. L'abbandono potrebbe essere vissuto a più livelli.
La sensazione di abbandono del bambino che non è più nella pancia della mamma, come se l'avesse abbandonata. Fino a pochi giorni prima quel bambino era solo della mamma, ora è di tutti.
L'abbandono potrebbe essere nei confronti del partner. Soprattutto nei primi mesi, la presenza di un neonato è totalizzante. Le attenzioni sono tutte per lui. La mamma invece necessita delle stesse identiche attenzioni del bambino. Se lei pensa a lui, qualcuno deve pensare completamente a lei. Ha bisogno di essere coccolata, consolata, incoraggiata, tranquillizzata. Aiutata a conoscere questo nuovo mondo. Esattamente come succede per il suo bambino.
Se questo aiuto non arriva, in particolare dal proprio compagno, la mamma potrebbe avere la sensazione di essere abbandonata proprio nel momento in cui avrebbe maggior bisogno di aiuto.
Durante l'allattamento questa sensazione di abbandono potrebbe coinvolgere anche il rapporto con il personale competente. La mamma non si sente seguita, si sente lasciata sola con troppe domande e nessuna risposta affidabile.
Quando la sensazione è quella di sentirsi abbandonate il distacco verso le figure inconsciamente accusate dell'abbandono rischia di diventare sempre più ampio.
È importante accorgersi dei primi segnali di questa sensazione e parlarne con il proprio compagno, spiegando la propria necessità e coinvolgendo subito una mamma alla pari per un supporto gratuito, competente ed efficace che possa restituire alla mamma le attenzioni e il supporto di cui sente il bisogno.

B: BABY BLUES

Si tratta di un periodo transitorio che attraversano le neomamme nelle prime settimane dopo il parto. Una sensazione di tristezza che destabilizza numerose famiglie. Ci si aspetterebbe gioia e felicità. Invece spesso, passato l'entusiasmo iniziale, se c'è stato, subentra un velo di nostalgia e di tristezza.
Questo periodo è proprio definito baby blues e può essere confuso con una depressione post partum. Il baby blues è una condizione che interessa tra il 50% e l'80% delle neomamme: una condizione quindi pressoché normale, che non deve spaventare né allarmare. Il baby blues è caratterizzato da tristezza

appunto, voglia di piangere, a volte rabbia nei confronti di una situazione che ha stravolto piani ed equilibri, stanchezza, spossatezza, confusione, ansia.
Spesso all'interno del baby blues rientra anche una sensazione molto particolare che rischia di gettare nello sconforto molte mamme. Ci si aspetta che dal primo momento in cui si avrà fra le braccia il proprio bambino l'amore per la propria creatura sarà incontenibile. Ma non è sempre così. A volte una mamma impiega settimane o anche mesi per innamorarsi del proprio bambino. Non è vero che l'amore per un figlio sia sempre un colpo di fulmine, o almeno non è detto che per tutte lo sia. E moltissime mamme potranno testimoniare che questo amore è sbocciato solo con il tempo. Soprattutto se il parto e le prime settimane sono state molto impegnative.
A differenza della depressione post partum, il baby blues ha carattere transitorio e si risolve nel giro di qualche settimana. Se i sintomi persistono oltre il primo mese è opportuno parlarne con uno specialista – è sufficiente farlo presente al consultorio quando ci si reca per i controlli del peso del bambino. Il consultorio è il luogo migliore in cui esternalizzare queste difficoltà perché al suo interno sono presenti tutti gli specialisti utili per identificare e affrontare la situazione: dalle ostetriche agli psicologi.
La causa principale del baby blues è fisiologica: è la caduta ormonale dovuta al parto. Ma gli aspetti che lo amplificano e lo rendono un momento difficile per ogni neomamma sono più emotivi: le enormi responsabilità di cui la mamma si sente investita, la stanchezza, i ritmi e gli equilibri completamente stravolti, le difficoltà legate all'allattamento.
Quando ci si accorge di essere in questa fase, le cose fondamentali da fare sono:

- stringere rapporti con altre mamme con bambini della stessa età o poco più grandi. Confrontarsi sulle stesse dinamiche e sulle stesse sensazioni aiuta a sentirsi comprese e a trovare spunti e suggerimenti per risolvere alcune situazioni che creano difficoltà;
- tenere un piccolo diario in cui annotare il momento più bello della giornata. Senza rendere troppo complessa l'annotazione basta una frase, una dedica, un racconto di poche righe. Questo aiuta il cervello a concentrarsi e a trattenere solo la parte positiva, anche nelle giornate più difficili e faticose, lasciando andare via i momenti difficili. Focalizzarsi eccessivamente sulle difficoltà crea un circolo vizioso in

cui si rischia di dare importanza solo a queste, perdendosi invece la parte bella;
- confrontarsi con ostetriche e infermiere del consultorio. Spesso il punto di vista di una persona completamente estranea aiuta a ridare senso e ordine alla confusione che affolla la mente. Il supporto è gratuito e professionale, proprio quello che ci vuole in questi momenti di difficoltà. Qualcuno che possa aiutarci a rimettere ordine;
- prendersi un po' di tempo per sé. Con un bambino molto piccolo, soprattutto se si allatta, si ha la sensazione di essere completamente assorbite da questo piccolino. Prendersi del tempo è assolutamente necessario. Una cosa molto utile è andare dal parrucchiere, anche solo per una piega o per una piega. Spesso le mamme, soprattutto quelle che allattano, si sentono e si vedono sciatte e trascurate. Un'immagine di sé negativa si riflette in un ulteriore motivo di rifiuto della nuova condizione. Rimettersi in sesto aiuta a vedere nello specchio un'immagine migliore di sé. Questa percezione aiuta anche il morale.

C: CONFUSIONE

Durante le prime settimane a casa può subentrare una sensazione di confusione. Tante nuove incombenze, tanti appuntamenti, tante responsabilità.
L'allattamento diventa un elemento in più di confusione. Le domande su questo aspetto sono sempre tantissime e le mamme non sanno a chi rivolgerle. Per questo si cercano spesso risposte in rete o nel confronto con le altre donne della propria famiglia. Il problema è che spesso le proprie mamme non hanno allattato oppure, quando lo hanno fatto, hanno ricevuto indicazioni che gli studi recenti e le ricerche hanno stabilito non essere adeguate.
Per questo è indispensabile, già prima del parto, individuare le figure che possano essere contattate in caso di necessità per un confronto e un supporto. Ecco le figure principali da individuare nella propria zona e delle quali recuperare i contati prima del parto, per averle a portata di mano in caso di necessità.

- Pediatra di base. Per tutti i bambini appena nati è necessario procedere alla scelta del pediatra di base. Il pediatra di base svolge le stesse funzioni del medico di base ma per i bambini da 0 a 14 anni.

L'assegnazione del pediatra non è automatica. I genitori, una volta ricevuto il codice fiscale provvisorio da parte dell'agenzia delle entrate devono recarsi allo sportello della propria ATS di riferimento e verificare quali pediatri siano liberi (abbiano ancora posti disponibili) e procedere alla scelta.

È bene però avere già chiaro quale pediatra si vorrebbe scegliere per il proprio bambino. In questo modo, date le necessarie indicazioni, il papà potrà occuparsi degli aspetti burocratici liberando la mamma da questa incombenza.

- Pediatra privato. Molte mamme testimoniano la necessità di affiancare al pediatra di base un pediatra privato. Questo solitamente avviene perché le visite del pediatra privato risultano spesso più approfondite e scrupolose, con del tempo dedicato anche alla mamma (incoraggiandola, consigliandole comportamenti e dandole sostegno). Il pediatra privato, rispetto a quello di base, non va "scelto" al momento della nascita. Le visite si prenotano come per un normale specialista, chiamando nel suo studio e prendendo appuntamento. Quindi non è necessario procedere ad una selezione accurata prima del parto ma è molto utile confrontarsi con altre mamme per avere già un'idea chiara di quali siano i pediatri privati nella zona e conoscere le loro esperienze dirette.
- Consultorio. Si tratta di un presidio sanitario territoriale molto poco conosciuto. In realtà i consultori offrono numerosi servizi gratuiti estremamente comodi: il controllo del peso del neonato, la consulenza allattamento, incontri sul massaggio infantile, lo svezzamento e moltissimi altri. Il consultorio presenta inoltre il vantaggio di avere al proprio interno diverse figure professionali che possono supportare la mamma: dalle ostetriche alle infermiere, dal ginecologo allo psicologo.
- Pronto soccorso pediatrico. È utile avere già a portata di mano il numero di telefono del nido dell'ospedale in cui si è partorito e del pronto soccorso pediatrico (o della guardia medica pediatrica se presente). Si tratta di un riferimento molto utile soprattutto di fronte alle prime difficoltà, alla prima febbre o a situazioni che spaventano i genitori e che solitamente capitano in momenti in cui il proprio pediatra di base non è in servizio (la notte, nei weekend, durante le vacanze...). Il pronto soccorso pediatrico fornisce una prima

consulenza telefonica su come gestire una situazione a casa se lo ritengono sufficiente o dà indicazioni di portare il bambino in ospedale se si rendesse necessario un monitoraggio delle condizioni.
- Mamma alla pari. Sul territorio nazionale esistono figure appositamente formate per un supporto alla pari in allattamento. Si tratta di mamme che hanno allattato e hanno frequentato un corso di formazione specifico sull'allattamento e che possono fornire un primo supporto gratuito, sia in presenza, sia utilizzando gli strumenti digitali (via telefono, whatsapp, social ecc.), in base alle esigenze della mamma. Le mamme alla pari si possono facilmente cercare online, informandosi presso le associazioni di formazione che sapranno dare i riferimenti di quelle attive nelle vicinanze della mamma. Si tende a trascurare la ricerca di un riferimento come questo, rimandandone l'individuazione al momento in cui si presenteranno problemi. In realtà ogni mamma che allatta ha sperimentato la confusione e avere già un riferimento preciso da contattare evita di trascorrere giornate intere nel dubbio e nella preoccupazione. L'ideale sarebbe prendere contatto con una mamma alla pari già prima del parto, allo scopo di aprire un canale e una conoscenza che permetterà, nel momento della difficoltà, di non farsi nessun problema nel contattarla.
- Consulente professionale allattamento (IBCLC) della propria zona per un supporto competente e approfondito sull'allattamento. La consulenza allattamento eseguita da una professionista rappresenta un supporto molto approfondito, capace di affrontare anche aspetti più tecnici e gestire situazioni più complesse o non fisiologiche. La consulente allattamento è la figura più aggiornata sul tema ed è essenziale reperire un contatto per ogni necessità. Solitamente le mamme alla pari sono in stretta connessione con le consulenti IBCLC e possono facilmente indirizzare la mamma che necessita un consulto professionale. L'incontro con una consulente allattamento può avvenire nello studio dell'esperta o a domicilio dalla mamma e si svolge come una qualsiasi visita specialistica – avrà quindi una tariffa che ogni consulente stabilisce.

D: DEPRESSIONE

Secondo i dati forniti dal Ministero della Salute, in Italia la depressione post partum colpisce dal 7 al 12% delle neomamme (il 10/20% a livello mondiale). Si tratta di una condizione patologica che necessita il sostegno di figure professionali in grado di affiancare la mamma verso la risoluzione di questo periodo di difficoltà.
La depressione post partum esordisce generalmente tra le 6 e le 12 settimane dopo il parto, indipendentemente che si tratti del primo figlio oppure no. Nelle aspettative collettive l'immagine di una neomamma è spesso quella di una donna felice e realizzata. Molto più frequentemente una donna sperimenta la condizione del baby blues che nella maggior parte dei casi tende a risolversi autonomamente, mentre in circa 10 casi su 100 sfocia in depressione. Ci si sente tristi senza motivo, irritabili, facili al pianto, non all'altezza nei confronti degli impegni e delle nuove responsabilità. A volte ci si sente mancare il fiato, gira la testa e si prova una sensazione ovattata.
In caso di depressione post partum (o anche di dubbio se si tratti di questa condizione) è importante parlarne con qualcuno: con un medico, con un'amica, con il proprio compagno, con il farmacista, con l'ostetrica che si occupa del controllo periodico del peso del bambino. Il problema non si risolve da solo ignorandolo o nascondendolo. Al contrario, una depressione a lungo trascurata è causa di grande sofferenza sia per la donna che la vive, sia per il suo bambino che non riceve le cure e l'affetto di cui ha bisogno per crescere sano e felice. Dalla serenità della madre dipende quella del proprio piccolo e viceversa.
Studi dimostrano che l'allattamento è un potente antidepressivo: la scarica di ossitocina che viene generata durante la poppata mette in circolo ormoni che influenzano positivamente l'umore. Al contempo, la stanchezza e la spossatezza generate dall'allattamento contribuiscono ad innescare tensioni e stati d'animo percepiti come negativi. È stato dimostrato che il successo dell'allattamento aiuta a ridurre, anche in soggetti a rischio, lo sviluppo della depressione. Riuscire nell'allattamento aiuta a prendere sicurezza nelle proprie capacità di madre (pur non essendo l'unico aspetto). Per questo diventa molto importante supportare anche dal punto di vista dell'allattamento le madri fragili o che sperimentano una condizione psicologica di sofferenza. Allo stesso tempo però, "fallire" nell'allattamento,

per madri che avevano il desiderio di proseguire, contribuisce invece ad acuire atteggiamenti depressivi. Per questo affiancare le neomamme nel primo periodo di allattamento, sostenendole di fronte alle naturali difficoltà, è un grande strumento sociale di prevenzione della depressione post partum. Fondamentale diventa cogliere anche se ci sono aspetti concreti e delimitati (o l'insieme degli stessi) che influenzano negativamente lo stato d'animo: un parto traumatico, dolori fisici che non si risolvono (legati al parto o all'allattamento), stanchezza eccessiva (il cui livello di tolleranza dipende da soggetto a soggetto), debolezza, disorientamento, isolamento sociale ecc.
Purtroppo solo il 20% delle donne che attraversano la depressione post partum chiede sostegno e trova supporto adeguato. La maggior parte vive in solitudine questa forma di disagio e mortificazione.
Siccome la depressione potrebbe avere delle componenti di familiarità è importante conoscere eventuali casi in famiglia di depressione e parlarne con il proprio medico. Anche in caso si sviluppi depressione a seguito di un parto è fondamentale mettere a conoscenza il personale medico che segue le successive gravidanze. È necessario non dare per scontato che nel caso in cui si presenti depressione una volta questa si ripeta. È però un fattore di rischio da tenere monitorato.
In tutti i casi in cui ci si sente in difficoltà è fondamentale chiedere supporto, senza aspettare che la situazione si risolva da sola.

E: ENTUSIASMO

L'allattamento è una grande sfida per una mamma. Molti sostengono che sia un comportamento estremamente naturale e in effetti lo è. Ma come molti altri aspetti del nostro essere genitori oggi, anche l'allattamento ha abbandonato l'esclusivo istinto che lo guidava per diventare un aspetto su cui una mamma si sente spesso giudicata e messa alla prova.
Riuscire ad allattare il proprio bambino, quindi, restituisce alla mamma una sensazione di grande entusiasmo. Vedere il proprio bambino crescere esclusivamente grazie al suo latte è una soddisfazione incredibile.
Ed è importantissimo da parte delle persone che la circondano celebrarla, capirne l'importanza, coglierne la fatica e festeggiare con lei questa sua impresa.
È fondamentale non dare troppo per scontata la riuscita dell'allattamento. La maggior parte delle mamme attraversa momenti di grande sconforto legati

all'allattamento. È per questo motivo che un corretto avvio dell'allattamento e il consolidamento del rapporto mamma bambino è qualcosa di importante da riconoscerle e per cui gioire insieme. Durante i primi mesi (ma spesso anche dopo) saranno molte le occasioni di difficoltà o i malumori di una mamma, non bisogna lasciare che l'entusiasmo e l'estasi trascorrano via senza dar loro importanza. Quando ci si accorge di essere felici dopo una giornata positiva bisogna celebrare.

F: FATICA

L'allattamento è un periodo molto faticoso per una mamma. Emotivamente viene spesso messa alla prova tra dubbi e preoccupazioni. La consapevolezza che l'alimentazione e quindi la sopravvivenza del proprio bambino sia una sua totale responsabilità è un elemento da non sottovalutare e comprenderlo per le persone che la circondano non è semplice.
La fatica però è anche fisica: la produzione di latte e il prendersi cura di un neonato richiedono parecchie energie.
Quindi è normale sentirsi stanche, affaticate e, concordandolo con il proprio medico o il proprio ginecologo, nulla vieta di prendere in considerazione degli integratori che possano aiutare a trovare nuove energie e un po' di carica.
Un'alimentazione sana e una buona idratazione sono alla base di un corretto stile di vita. Non esistono cibi da escludere a priori così come non esistono cibi che sono assolutamente da introdurre se la mamma non li gradisce. Rimane importante l'indicazione generale per una dieta sana ed equilibrata, il più varia possibile. Sarebbe importante anche darsi del tempo prima di intraprendere delle diete con l'obiettivo di ridurre il peso corporeo. L'ideale sarebbe attendere almeno 9 mesi per vedere come il proprio corpo reagisce in maniera naturale al post parto e all'allattamento. In ogni caso, qualsiasi dieta andrà accuratamente seguita e concordata con personale specializzato che sappia adeguarla alle esigenze di una mamma in allattamento.
Più importante è la possibilità di prendersi qualche ora per sé, per una passeggiata da sola, per riposare, per un gelato con un'amica.
Nelle prime settimane di allattamento può essere complicato riuscire ad organizzarsi ma chiedere aiuto quando se ne sente la necessità è indispensabile. Si può provare a tirare il latte con un tiralatte elettrico e a lasciarlo a chi si prenderà cura del bambino per qualche ora. Questo aiuta

senza dubbio ad allentare quella sensazione di "fatica" che a volte diventa oppressiva.

G: GIOIA

Sicuramente, una volta superate le difficoltà iniziali, l'allattamento si trasformerà in gioia. Resterà sempre un'esperienza ricca di emozioni altalenanti ma riuscire a stabilizzare l'allattamento porta nella maggior parte delle mamme una sensazione di gioia e serenità.
Diventa quindi importante porre attenzione su questa sensazione, sugli elementi che la generano. In questo modo, anche nei momenti di maggiore difficoltà, sarà più semplice concentrarsi su quegli aspetti che possono aiutare a riportare la concentrazione sugli aspetti positivi e alleviare la sensazione di pressione. È altrettanto importante poter condividere questa gioia con chi dimostra di saperla accogliere e di saper contribuire a darle valore.

H: HYGGE

Ormai da decenni la Danimarca risulta in cima alle classifiche dei paesi più felici del mondo. Tra i vari criteri che portano i danesi in vetta alla felicità si trova senza dubbio uno stile di vita orientato alla gratitudine per le piccole cose. Uno stile di vita talmente caratterizzante che è stato anche codificato e a cui è stato dato un nome: "hygge" appunto. Su questo approccio alla quotidianità sono stati scritti numerosi libri, alcuni dei quali anche rivolti ai genitori con suggerimenti pratici per "crescere bambini felici".
Lo stile "hygge" può essere tradotto con "calore, intimità", così necessarie in particolare alle neomamme. Significa creare un'atmosfera accogliente e godersi il bello della vita con le persone care. Una condizione che andrebbe ricreata sempre nel periodo successivo alle dimissioni dall'ospedale, in cui la mamma si sente sola, triste, oppressa dalle nuove responsabilità. Una casa ordinata e accogliente, atmosfera dolce e rilassata. Questo deve essere il compito delle persone intorno alla nuova diade per garantire la giusta serenità e il giusto conforto.
L'ambiente in cui la mamma trascorre i mesi successivi al parto è fondamentale anche per favorire l'allattamento. Se la mamma è messa nelle condizioni di dedicarsi esclusivamente al bambino, di riposarsi quando le è concesso, senza dover pensare a tutte le incombenze, anche l'allattamento ne

risente positivamente. Sentirsi bene, in un luogo accogliente che risponde alle proprie necessità aiuta l'umore e favorisce il relax necessario per vivere serenamente la nuova situazione.

I: INCOMPRENSIONE/INADEGUATEZZA

In questa altalena di emozioni, la sensazione che spesso una mamma prova è di non essere capita. Soprattutto dalle persone più vicine. Anzi, spesso trova più appoggio e comprensione da parte di persone sconosciute che incontra fuori casa o in gruppi virtuali rispetto a quelli che trova dentro le mura di casa. In questo è di grande importanza la figura del compagno, la persona da cui la neomamma ha più bisogno di essere capita. Potrà spesso essere il compagno la persona nei confronti della quale la mamma si sfogherà o avrà reazioni impulsive. Ma sarà anche la persona da cui si aspetterà di essere supportata. È importante che il papà impari a disinnescare i nervosismi che potrebbero essere molto frequenti, a non dar loro eccessivo peso ma anzi di anticiparli e provare a evitarli cercando di rispondere alle esigenze della mamma senza che lei debba costantemente esprimerle.
Per riuscire in questa impresa è importante mettersi in ascolto dei segnali, osservare e provare a cogliere tutte le sfumature.
Una neomamma è spesso insicura e ha necessità di trovare rassicurazione, forza e comprensione proprio dalla persona a lei più vicina, la persona con cui sta iniziando questo nuovo viaggio.
In questo l'allattamento è senza dubbio un fattore emotivo importante: chi non ha provato in prima persona questa esperienza fatica a comprendere le difficoltà che esprime la mamma. E questa sensazione di incomprensione è spesso alla base della rinuncia ad allattare, convincendosi che le proprie reazioni o sensazioni siano sproporzionate e non trovino il giusto sostegno.
Per questo è importante che anche i papà e i famigliari intorno alla diade si prendano del tempo per informarsi sulle nuove linee guida sull'allattamento e sappiano evitare consigli errati o superati e trovino invece parole di conforto o contatti utili a cui rivolgersi per favorire un sostegno adeguato alla neomamma.
Un'altra sensazione che le neomamme sentono forte è l'inadeguatezza.
Purtroppo la pubblicità e la retorica dei social network propongono modelli di genitorialità irreali. O meglio, incompleti.
Nessuno nega che la genitorialità sia un'esperienza incredibile, piena di

soddisfazione e di orgoglio.
Ma l'eccessiva ostentazione dei momenti felici, dei sorrisi, della gioia senza compensarli con la condivisione anche delle difficoltà rischia di creare aspettative irrealistiche.
Ogni mamma che intercetta quei post, che confronta la propria vita e la propria esperienza con quelle proposte dalle influencer si sentirà necessariamente inadeguata.
E soprattutto si sentirà la sola a provare sensazioni negative.
La realtà è che ogni mamma sente forte il desiderio di condividere un'immagine positiva di sé e della propria famiglia. Di ricevere consenso, approvazione, rassicurazione. Per questo si condividono solo i momenti felici. Ma non esistono solo quelli. Anzi, solitamente, in alcuni momenti, quegli sprazzi di serenità possono essere solo brevi scatti. E va benissimo immortalarli e concentrare la propria attenzione su quelli.
L'importante, per non sentirsi inadeguate, è raggiungere la consapevolezza che quelli sono "attimi di vita", non sono "la vita".

L: LUTTO

Non è semplice da accettare ma ci sono molte situazioni in cui la nascita di un bambino viene elaborata dalla neomamma come un lutto. Il lutto si configura come una perdita irrimediabile e molte mamme riportano la sensazione di essersi sentite in questa condizione.
La nascita di un bambino stravolge completamente la vita dei genitori: ci sarà chi a questo stravolgimento riuscirà a dare un senso e un valore immediato e chi farà semplicemente più fatica. Vivrà come un lutto la rinuncia ad alcuni progetti che stava portando avanti e per i quali non trova più il tempo, la rinuncia al lavoro e alle ambizioni professionali, i cambiamenti nel rapporto di coppia e nei nuovi equilibri, la perdita della vita di prima. Una vita magari costruita con sacrificio, impegno e aspettative; e l'idea di rinunciarvi crea una profonda ferita interiore. Se una mamma entra in questa prospettiva è difficile riuscire a convincerla che con il tempo piano piano riuscirà a ridare una nuova veste ai suoi desideri e ai suoi obiettivi. È importante accogliere questo grande senso di vuoto che la mamma esprime e che non riesce ad essere colmato nemmeno dalla gioia per la nascita.
Anche in questo caso l'allattamento rischia di essere vissuto come un'aggravante di questa situazione: bambini che richiedono spesso il contatto

o frequenti poppate possono essere vissuti dalla mamma come un grande impedimento verso il ritorno alla normalità.

È importante dare alla mamma una prospettiva temporale dei ritmi dell'allattamento e delle future possibilità di tirare il latte e conservarlo. Con lo svezzamento poi (intorno ai 6 mesi) le poppate diminuiranno e non sarà l'allattamento a ostacolare le esigenze della mamma come donna.

Sarà inoltre importante permettere alla mamma di appoggiarsi a una figura professionale competente che possa aiutarla ad indagare queste sensazioni e le paure che le alimentano. Spesso semplicemente rimettendo in ordine i tasselli e inquadrando esattamente le preoccupazioni una mamma riuscirà a capire quali azioni potrà mettere in atto per recuperare quello che in quel momento potrebbe sembrarle perso per sempre. È fondamentale non trascurare questa dimensione perché se ben affrontata e supportata può risolversi in breve tempo. Se ignorata potrebbe invece aggravarsi e rendere più lungo e complesso il recupero.

M: MALINCONIA

Questa sensazione è molto diffusa tra le neomamme. Ancora di più nelle mamme che allattano. La dipendenza che crea l'allattamento durante i primi periodi porta spesso le mamme a interrogarsi sulla scelta fatta. E anche davanti alla convinzione più profonda a volte si sente una certa malinconia per quella che era la vita precedente, per la propria libertà e per la propria indipendenza. È fondamentale sottolineare che questa sensazione non significa assolutamente che la mamma provi poco amore nei confronti del nuovo arrivato. È la dimostrazione che il cambiamento è stato netto, repentino e spesso inaspettato nella sua forza dirompente.

Quindi un po' di malinconia per la vita che si era costruita in precedenza è del tutto normale ed è importante accoglierla, accettarla e viverla. Senza scacciarla per paura di essere una cattiva mamma.

Si tratta solitamente di un'emozione temporanea che potrebbe ripresentarsi più volte nel corso della propria esperienza di maternità ma risolversi sempre entro qualche giorno.

Se la sensazione di malinconia dovesse trasformarsi in tristezza eccessiva e consolidarsi senza avere momenti di felicità è importante rivolgersi al proprio medico di riferimento (parlarne con il medico, il pediatra o le ostetriche dei consultori) per un supporto concreto e mirato.

N: NERVOSISMO

Il nervosismo è una condizione molto diffusa e comune nell'esperienza di genitorialità.
nelle mamme è spesso determinato da fattori fisiologici come gli sbalzi ormonali. È importante sapere che gli sbalzi ormonali nelle mamme che allattano sono molto più graduali rispetto a quelli sperimentati dalle mamme che non allattano. L'allattamento tiene alti alcuni livelli di ormoni che invece crollano se si sospende drasticamente l'allattamento, causando sbalzi d'umore molto più acuti. Alcune mamme testimoniano che in momenti della giornata particolarmente tesi e nervosi, allattare le ha aiutate a rilassarsi. Oltre al gesto in sé, la produzione ormonale durante le poppate favorisce proprio il riequilibrio dell'umore.
Sicuramente l'allattamento porta con sé una componente di stanchezza e di responsabilità (legata alla dipendenza fisica) che può creare del nervosismo. È molto importante che la mamma riesca a ritagliarsi dei momenti per sé, per riposare, per fare una doccia o per fare anche solo una passeggiata intorno all'isolato da sola.

O: ORGOGLIO

Allattare per molte mamme si trasforme in un grande orgoglio. Questa sensazione potrebbe arrivare solo al termine dell'allattamento ma quasi tutte le mamme che hanno allattato, nonostante le difficoltà, la stanchezza e l'incertezza dichiarano poi di aver provato un grandissimo orgoglio nell'essere riuscite a portare a termine positivamente l'allattamento. Questo non significherà mai e poi mai che le mamme che per qualsiasi motivo dovessero rinunciare all'allattamento non siano mamme all'altezza o non potranno considerarsi orgogliose. La maternità è composta da talmente tante sfumature e occasioni di interazione mamma/bambino che non sarà l'allattamento l'unica esperienza che darà valore e renderà orgogliosa una mamma. Essendo però un'esperienza molto intensa, che mette spesso duramente alla prova, soprattutto emotivamente e che investe la mamma di una responsabilità enorme sulla nutrizione e quindi sulla sopravvivenza del proprio bambino è assolutamente legittimo, oltre che giusto, che ogni mamma che abbia allattato possa essere orgogliosa di questo percorso e possa, a volte, farne anche un vanto.

P: PAURA

La paura durante i primi momenti di allattamento, così come nei primi mesi di maternità è normale.
È importante trovare delle figure di riferimento a cui rivolgersi per sgombrare il campo dai dubbi. Il confronto con le altre mamme è spesso utile, molte volte può tranquillizzare ma in altre occasioni può gettare ancora di più nel panico. Bisogna sempre considerare che ogni mamma ha l'esperienza esclusiva del proprio bambino. Anche quando i bambini sono più di uno, l'esperienza resta molto molto limitata rispetto alle casistiche intercettate da un professionista, che sono centinaia, a volte migliaia. Non solo l'esperienza, ma anche la competenza aiuterà a tranquillizzarsi. Sicuramente ci saranno momenti in cui non sarà possibile rivolgersi a un professionista, in questo caso e solo in attesa di approfondire qualsiasi dubbio, può essere utile un confronto con altre mamme di cui ci si fida e che si ritiene essere particolarmente informate o che si sa essere capaci di tranquillizzare.

Q: QUI E ORA

Non si tratta di un'emozione ma di un'importante attitudine a cui non siamo abituati.
Siamo da sempre educati a valutare le conseguenze di ogni nostra azione nel futuro.
La maternità, invece, pur avendo una dimensione di progettazione del futuro è anche fortemente basata sul qui e ora, sul vivere il momento e rispondere alle esigenze quando si presentano, senza dare eccessivamente importanza a cosa succederà nel futuro se oggi si fa una certa cosa.
Questa difficoltà nel concentrarsi sul momento presente rappresenta un grandissimo ostacolo per l'allattamento. L'allattamento costituisce una risposta immediata a un'esigenza espressa in quel preciso momento. La soddisfazione di questa esigenza non prevede la possibilità che questa venga rimandata. Moltissime mamme faticano a vivere il momento senza porsi sempre l'interrogativo di cosa succederà nel futuro, di quale impatto avrà l'azione di oggi sul tipo di bambino che ognuna vorrebbe "educare".
Esiste invece anche un amore che non è necessariamente "educante". Esiste un amore che è semplicemente "accogliente". E questo atteggiamento, questo tipo di amore, ha la stessa importanza, lo stesso valore (anzi, per un neonato

è molto più fondamentale).
Una critica che spesso viene fatta alle mamme che allattano è quella che rispondono al pianto del bambino sempre con l'allattamento, dando un'abitudine sbagliata al bambino che poi sarà difficile sostituire o eliminare. Ma "poi" quando?
Non è il momento per preoccuparsi di cosa potrebbe accadere in un futuro non definito. Situazione che, tra l'altro, potrebbe anche non presentarsi. E che, se mai si presentasse, verrà affrontata in quel momento (con un bambino più grande, in una situazione psicologica diversa e con una consapevolezza maggiore).
Oggi è il momento semplicemente di rispondere a una richiesta, senza previsioni. È solo vivendo giorno per giorno, notte per notte, attimo per attimo che si potranno affrontare serenamente la nuova esperienza di genitorialità e l'allattamento.

R: RESPONSABILITÀ/RIFIUTO/RABBIA

Responsabilità è la parola chiave della maternità. Ogni mamma prova questa grandissima responsabilità fin dai primi momenti. Spesso però a questa responsabilità si può reagire con rabbia e con rifiuto. A volte con il rifiuto di se stesse, del proprio corpo, della propria immagine dopo la gravidanza. A volte di rifiuto verso il proprio partner o verso chi ci sta vicino come a proteggere un rapporto esclusivo e a volersi sentire libere di gestire questo ruolo come si desidera, senza interferenze. A volte di rifiuto verso il bambino, soprattutto quando si è molto stanche o affaticate e il bambino richiede molte attenzioni.
Anche in questo caso non è corretto interpretare queste emozioni negativamente. Quello che queste emozioni lasciano addosso è probabilmente una sensazione negativa. Ma l'emozione in sé non è mai negativa, è semplicemente una reazione dell'inconscio ad una situazione. Ed è importante accogliere con consapevolezza questa emozione, senza rinnegarla o scacciarla. L'inconscio sta vivendo questa grande responsabilità e una mamma ha il diritto di rifiutarla, a volte per paura, a volte per insicurezza, altre per malinconia della vita precedente e della propria libertà.
È tutto sacrosanto e legittimo. Bisogna accettare questo periodo di calibrazione tra le aspettative e la realtà, spesso diversa da come la si era immaginata. È giusto quindi darsi la possibilità di essere arrabbiate, spaesate e di rifiutare

qualcosa che non ci si aspettava essere così. Con il tempo si imparerà a conoscere la nuova situazione e a trovare un nuovo equilibrio.

S: SOLITUDINE/ STRESS/STANCHEZZA

Una neomamma si sente spesso sola. Una solitudine che può toccare sia il livello culturale, sia il livello sociale, sia l'ambito familiare.
Questa sensazione, se non accolta e rispettata, provoca un senso di inadeguatezza molto profondo. Questo genera un costante stato di finzione per mostrare l'immagine di maternità che la società intorno si aspetta. Immagine che non corrisponde alla realtà e alla quotidianità della vita da mamma. Il contrasto tra sensazioni e aspettative genera una sensazione di fallimento perché non ci si sente capite e si crede di essere sbagliate o delle cattive mamme.
L'idea sentimentale di una perfetta sincronia fra madre e figlio che ci si aspetta quando arriva un bambino può fare calare nella maternità una vena di tristezza: un costante stato di rammarico per la sensazione che una paradisiaca unità, come quella che ci si aspettava e che la pubblicità e la comunicazione sulla maternità ci hanno inculcato, non sia meritata.
Inoltre, l'allattamento è un momento fortemente stressante oltre che stancante. La grande responsabilità di nutrire il proprio figlio aumenta i livelli di stress che già coinvolgono una neomamma.
È determinante in questi casi il supporto concreto delle persone intorno. Lasciare alla mamma qualche ora al giorno per sé è importantissimo per abbassare i livelli di stress e permetterle di riposarsi e rilassarsi.
Lo stress e la stanchezza incidono negativamente sulla produzione di latte e sono gli unici reali fattori che ne determinano una diminuzione. Più correttamente determinano una diminuzione non tanto nella reale produzione quanto nella facilità con cui il bambino drena il seno. I muscoli tesi riducono il riflesso di emissione e il bambino riesce a poppare meno latte di quello che realmente vorrebbe. Così la produzione di latte si calibra su una poppata non reale fino in fondo perché ridotta nella sua capacità. Inoltre, un seno non drenato fino in fondo, è maggiormente soggetto a ingorghi e mastiti.
Per questo è importante che sia la mamma sia chi le sta vicino sappiano cogliere i primi segnali di uno stress o di una stanchezza eccessivi e facciano qualsiasi cosa possibile per permettere alla mamma di riposarsi e rilassarsi (può bastare una doccia, un massaggio, una passeggiata da sola, un caffè con

un'amica, andare dal parrucchiere, dormire mentre qualcuno esce con il bambino).

T: TRISTEZZA

Durante l'allattamento, ma in generale durante i primi mesi con un nuovo bambino è assolutamente normale che i sentimenti si alternino, fino a provare profonda tristezza.
La tristezza viene spesso catalogata come "emozione negativa". In realtà non è in assoluto così. Sentirsi tristi porta le persone ad analizzare la situazione che li rende tristi. C'è chi lo fa con maggiore consapevolezza e chi si lascia trascinare dall'emozione che comunque lo porterà ad agire. Il risultato sarà che, in tempi diversi a seconda del grado di consapevolezza e della capacità di reazione di ognuno, si apporteranno dei cambiamenti alla situazione che genera tristezza.
È quindi importante accettare e accogliere la tristezza quando si presenta perché sta stimolando chi la prova a trovare delle alternative, a valutare soluzioni, a modificare una condizione che non rende sereni.
Sicuramente le sensazioni che la tristezza procura non sono piacevoli. Ma è proprio questo che spinge la riflessione verso una prospettiva che fa sentire meglio e a mettere in atto dei comportamenti o delle scelte che conducano verso un miglioramento.
In queste situazioni è altrettanto importante il supporto della rete intorno alla mamma, soprattutto in fase di allattamento. La tristezza potrebbe trasformarsi in sconforto ed è fondamentale che la mamma possa contare su parole di incoraggiamento e aiuto pratico per superare questa condizione e ritrovare la serenità.

U: UMORALE

Si dice spesso che le donne in gravidanza siano umorali.
Ancora di più lo sono le mamme che hanno appena partorito e quelle che allattano. Ma questa non è una minaccia o una condanna. È una presa di coscienza importante, necessaria per non sentirsi in colpa di fronte a reazioni in cui non ci si riconosce.
Una parte la giocano gli ormoni che dopo il parto devono tornare a livelli normali. Con l'allattamento questo crollo ormonale avviene con minore

velocità per cui l'allattamento aiuta a limitare gli sbalzi d'umore.
Dall'altro lato però l'allattamento comporta un ulteriore grado di responsabilità e difficoltà in una fase già fragile.
Per questo è molto normale oltre che fisiologico passare da sensazioni positive a sensazioni spiacevoli, con sbalzi d'umore fuori controllo e reazioni che possono apparire eccessive.
Con consapevolezza è importante accettarle e lasciare che si esauriscano senza sentirsi in dovere di controllarle o reprimerle. Meglio uno sfogo, anche eccessivo, ma che permetta di liberare ed esprimere sentimenti e sensazioni piuttosto che lasciare queste emozioni scavare all'interno e sedimentare.

V: VERGOGNA

Molte mamme sperimentano una sensazione di vergogna nel mostrarsi in pubblico durante l'allattamento. Spesso questa sensazione non si limita al gesto di allattare ma anche a una serie di elementi dell'aspetto fisico che caratterizzano il post parto: il viso stanco e sciupato, i chili di troppo, i capelli in disordine. Si tratta di un periodo delicato dal punto di vista dell'accettazione di sé, della propria immagine riflessa allo specchio.
L'allattamento potrebbe aggiungere un carico ulteriore che coinvolge il "pudore" e la disponibilità o meno di allattare in pubblico. Sicuramente ogni donna deve fare i conti con il personale rapporto con il proprio corpo senza dimenticarsi che spesso la difficoltà di allattare in pubblico è legata a un retaggio culturale/religioso molto forte nel nostro Paese. Questa sensazione di vergogna potrebbe spingere molte mamme a isolarsi durante il periodo dell'allattamento per avere la certezza di essere a casa nel momento in cui il bambino dovesse richiedere di essere allattato. In realtà si potrebbe ovviare a questa necessità tenendo con sé un telo ampio e leggero da appoggiarsi sulla spalla in modo da coprire il bambino durante la poppata. Fortunatamente il rapporto della società rispetto all'allattamento in pubblico sta progressivamente cambiando ed è sempre più apprezzata e compresa una mamma che allatta il suo bambino anche in luoghi di passaggio. Ciò non toglie che ogni mamma deve trovare la situazione e la condizione che più le consente di trovarsi a proprio agio.

Z: ZELO

Una neomamma ha spesso il desiderio di far fruttare il tempo che ha a disposizione. Trovandosi spesso a casa dal lavoro ha l'aspettativa di avere tantissimo tempo a disposizione e vorrebbe organizzare la giornata per riuscire a fare di tutto: dalle faccende domestiche alla cucina, da accudire il bambino a occuparsi di tutti gli adempimenti.
Ma non è così.
Prendersi cura di un bambino piccolo è un lavoro a tempo pieno.
E la mamma dovrebbe avere la possibilità di occuparsi esclusivamente di questo.
Senza la pretesa di essere efficiente e di riuscire ad arrivare ovunque.
Anzi, molto spesso si arriverà a fine giornata con la sensazione di non aver concluso nulla.
Ma questa sensazione è priva di fondamento! Ti sei occupata del tuo bambino e questo è tutto quello che dovevi fare.
Tutti gli altri compiti dovrebbero essere delegati o lasciati indietro, senza alcun senso di colpa.
L'eccesso di zelo è quello che più scoraggia e stanca molte mamme che si sentono frustrate dal non riuscire ad essere organizzate come un tempo.

F

FARMACI E SOSTANZE

Spesso in allattamento ci si ammala.

La stanchezza, le difese immunitarie debilitate e sembra che ogni virus in circolazione ci colpisca. Ci mettiamo anche più tempo a riprenderci da influenze e raffreddori. Se poi in casa circolano altri bambini piccoli la situazione precipita.

Curarsi diventa importante. Se oltre la stanchezza, il nervosismo e le paure ci si carica anche il fardello di uno stato di salute non ottimale, si rischia di entrare in una situazione di stress eccessivo. Curarsi e rimettersi in forma diventa un dovere ed è bene sottolineare che ciò è possibile senza alcuna conseguenza per l'allattamento e per il bambino.
"Prendere farmaci durante l'allattamento è vietato" è uno di quei luoghi comuni da eliminare e da non considerare. Prendere farmaci durante l'allattamento non solo è possibile, è anche doveroso per non costringere la mamma a sopportare fastidi o malanni che possono contribuire a generare stati di umore negativo.

Tra l'altro, oggi sono pochi i farmaci realmente "pericolosi" per l'allattamento. E anche nei casi di farmaci non compatibili è, nella maggior parte dei casi, possibile trovare alternative terapeutiche altrettanto valide e compatibili.

La domanda che spesso ci poniamo è quali farmaci siano adatti durante l'allattamento.

Innanzitutto, è importante non cadere nell'errore di sovrapporre la compatibilità o non compatibilità di un farmaco in gravidanza e in allattamento. Non tutti i farmaci compatibili in gravidanza lo sono in allattamento e non tutti i farmaci incompatibili con la gravidanza restano tali anche in allattamento.
In gravidanza la compatibilità è data dalla possibilità del farmaco di provocare

malformazioni nel feto o criticità nello sviluppo neurologico; in allattamento la compatibilità riguarda il passaggio del principio attivo del medicinale nel latte e quindi al bambino.

Inoltre, a seconda del periodo di allattamento in cui ci si trova, la compatibilità dei farmaci può cambiare. Lo stesso vale per l'età del bambino: a seconda della sua età anagrafica e dello stadio di sviluppo del suo apparato epatico e renale ci sono farmaci che possono diventare compatibili anche se inizialmente potevano non esserlo e viceversa.

È bene poi sottolineare che nel latte materno passa comunque un quantitativo minimo del farmaco utilizzato e non sono molti i farmaci realmente dannosi per il bambino. In ogni caso sarebbe sempre bene non esagerare e prendere dei farmaci esclusivamente se strettamente necessario.

Anche nel caso di malattie croniche (ad esempio epilessia, diabete, artrite, disturbi alla tiroide ecc.) è possibile proseguire le cure con farmaci compatibili con l'allattamento.

Per avere certezza di quali farmaci siano compatibili con l'allattamento è possibile fare una verifica telefonando al numero verde del centro antiveleni di Bergamo (numero centro 800.88.33.00 – verificano la compatibilità sia in gravidanza sia in allattamento. L'attesa telefonica è spesso lunga e a volte si interrompe ma il supporto è di altissimo livello e spesso, in caso di incompatibilità viene suggerita un'alternativa compatibile adatta alla patologia in corso).

Un'ulteriore fonte di riferimento interessante per la compatibilità dei farmaci in allattamento è il sito http://www.e-lactancia.org/ sul quale è possibile inserire il principio attivo contenuto nel farmaco e verificare la possibilità di assumerlo. Il sito è disponibile in lingua inglese o spagnola ma è molto intuitivo. Si inserisce il principio attivo e, oltre alla spiegazione, compare una banda colorata che ne indica il livello di compatibilità (quindi anche non conoscendo la lingua è possibile avere un'indicazione chiara):

- verde: rischio molto basso
- gialla: rischio basso
- arancione: rischio elevato
- rosso: rischio molto elevato

Il medico di base saprà senza dubbio indirizzare verso farmaci compatibili ma, nel caso di farmaci da banco, per non andare dal medico, lo stesso farmacista saprà dare indicazioni.

In ogni caso, per sicurezza, basta contattare il centro antiveleni e chiedere conferme e rassicurazioni, soprattutto prima di prendere farmaci che si hanno nell'armadietto in casa e che spesso non hanno più il proprio bugiardino allegato.

Per la febbre, il classico paracetamolo è compatibile con l'allattamento (ed è usato anche per abbassare la temperatura del neonato).

Per il raffreddore, posto che non esistono farmaci realmente efficaci se non quelli che alleviano i sintomi, una bevanda calda e riposo per 2 giorni possono migliorare la situazione. Attenzione invece ai classici "rimedi della nonna" se prevedono l'utilizzo di erbe che, seppur naturali, possono comunque avere delle controindicazioni.

Per la tosse forte esistono sciroppi e caramelle balsamiche in farmacia che sono adatte anche in allattamento.

Per il mal di gola i normali spray sono quasi tutti compatibili, per le compresse, invece, è necessario fare una verifica puntuale con il medico. Ma anche in questo caso cibi freschi aiutano a disinfiammare e sgonfiare.

Un altro luogo comune è che non si possano prendere **antibiotici durante l'allattamento**. Non è assolutamente vero. Esistono antibiotici compatibili ed è vivamente consigliato, in caso di necessità, assumerli: l'aggravarsi di patologie batteriche può avere ripercussioni decisamente più gravi.

Perfino per quanto riguarda la pillola anticoncezionale esistono versioni perfettamente compatibili con l'allattamento, proprio per evitare gravidanze indesiderate semplicemente per aver sottovalutato l'assenza di ciclo, tipica del periodo dell'allattamento (il ciclo mestruale, per la mamma che allatta a richiesta, potrebbe tornare anche dopo 12 mesi dal parto).

In tutti questi casi non è necessario sospendere l'allattamento.

Nel caso in cui, invece, fosse necessario assumere farmaci incompatibili per i quali non esiste un sostituto compatibile, sarà il medico a segnalare la

necessità di interrompere l'allattamento. Se però la cura è temporanea, è comunque possibile tornare ad allattare una volta terminato il trattamento. In questo caso sarà necessario, per il periodo di sospensione, proseguire con la stimolazione del seno attraverso un tiralatte (elettrico) per almeno il numero di poppate che il bambino fa durante la giornata. Il latte non potrà essere somministrato al bambino ma potrà essere utilizzato ad esempio per fargli il bagnetto (diluito nell'acqua) o per ammorbidire la crosta lattea o per altri usi che non prevedano l'ingestione da parte del bambino.
Quando la terapia sarà conclusa e il corpo avrà smaltito il principio attivo incompatibile, la mamma potrà tornare ad allattare serenamente il suo bambino.

Un'altra credenza molto diffusa riguarda la possibilità che la malattia (soprattutto se infettiva) contratta dalla mamma possa passare al bambino attraverso il latte o attraverso il contatto ravvicinato durante la poppata. Nella maggior parte dei casi, quando i sintomi di una malattia infettiva si manifestano, il bambino è già stato esposto al virus (nei giorni precedenti). In questa situazione, quindi, la scelta migliore è quella di continuare ad allattare. Attraverso il latte, la mamma trasferisce al bambino una dose di anticorpi che il suo organismo ha prodotto rispetto al virus appena contratto. Se anche il bambino dovesse venire contagiato, la malattia si manifesterà in maniera lieve e il suo sistema immunitario sarà rinforzato dagli anticorpi che la mamma gli passerà durante l'allattamento.

Questo non significa, come spesso si tende a dire, che i bambini allattati al seno non si ammaleranno mai e prenderanno meno farmaci. O che i bambini che prendono il biberon si ammaleranno sempre o con maggiore frequenza. Moltissimi bambini allattati esclusivamente con il latte artificiale sono in perfetta salute. Sicuramente però, l'allattamento al seno favorisce uno scambio di anticorpi tra mamma e bambino che non è possibile con l'allattamento artificiale. Questo favorirà un recupero più rapido in caso di malattie da parte del bambino e una maggiore copertura immunitaria rispetto alle patologie contratte dalla mamma per le quali il passaggio di anticorpi è avvenuto attraverso l'allattamento.

Ricerche scientifiche hanno dimostrato che per alcune patologie l'allattamento ha una grande influenza nel prevenirle o ridurre le possibilità che si manifestino. Per quanto riguarda la salute del bambino l'allattamento al seno riduce notevolmente (pur senza azzerarlo completamente) il rischio di contrarre stafilococchi, streptococchi, salmonella, meningiti, polmoniti, infezioni urinarie, morbo di Crohn, diabete e perfino alcuni tumori infantili. Per quanto riguarda la mamma, secondo la letteratura scientifica, oltre a ridurre la predisposizione all'osteoporosi, anche il rischio di tumore al seno o alle ovaie diminuisce del 4,3% (rispetto alle donne che non allattano) per ogni anno di allattamento (molto probabilmente, anche se ancora non certo, si tratta di una condizione legata agli ormoni prodotti durante l'allattamento).

Anche se non si tratta specificamente di farmaci, altre sostanze su cui porre l'attenzione sono l'alcool e la caffeina.

Per quanto riguarda la **caffeina** è importante ricordare che si tratta di una sostanza assolutamente compatibile con l'allattamento e il quantitativo di caffeina che passa nel latte materno è davvero basso e il picco massimo di caffeina nel latte materno si raggiunge circa 1/2 ore dopo l'ingestione.

La caffeina non si trova esclusivamente nel caffè ma anche in altri alimenti. Per questo bisogna avere chiaro dove si trova la caffeina e non dare per scontato che sia solo nel caffè (ad esempio si trova anche nel the, negli energy drink, nel gelato al caffè, nelle cole – coca cola, pepsi –).
Alcuni bambini hanno dato segnali di particolare sensibilità alla caffeina. In altri casi, invece, ci sono mamme che bevono tranquillamente più caffè al giorno senza ripercussioni sul bambino. Si è notata una maggiore sensibilità alla caffeina in quei bambini le cui mamme durante la gravidanza avevano eliminato completamente la caffeina. Nel momento in cui l'hanno reintrodotta i bambini hanno mostrato segni di sensibilità. È comunque importante specificare che un bambino che risulta sensibile alla caffeina in un determinato periodo non è detto che lo continui ad essere anche in periodi successivi. Una mamma potrà quindi provare a reintrodurre la caffeina più avanti.

Un bambino sensibile alla caffeina dimostra alcuni sintomi quali:

- occhi spalancati;
- sovraeccitazione;
- veglia continua e prolungata;
- elevata attività;

- nervosismo.

Come linea guida, viene considerata una dose elevata di caffeina una quantità pari o superiore a 750 ml al giorno.
I segnali sopra elencati possono presentarsi anche senza l'assunzione di caffeina. Potrebbe trattarsi di comportamenti legati ad altri aspetti, a volte anche fisiologici dell'età. Ovviamente non esistono indicazioni certe e assolute per confermare la sensibilità del bambino alla caffeina. L'unico modo per capirlo in caso di irrequietezza del bambino è l'eliminazione della caffeina dalla dieta per almeno 2/3 settimane. Chiaramente, in questo lasso di tempo, i sintomi potrebbero regredire anche per la crescita naturale del bambino e la sua maturazione.

Se la mamma decidesse di eliminare la caffeina, se l'assunzione è abbastanza elevata durante la giornata, è importante ridurre gradualmente la quantità per evitare reazioni di astinenza. Se il quantitativo è ridotto o se i sintomi del bambino sono particolarmente accentuati, allora l'ideale sarebbe eliminarla completamente il prima possibile.

Per quanto riguarda il legame tra caffeina e produzione di latte, non esistono studi scientifici e ufficiali che abbiano evidenziato una correlazione. Per questo motivo è lecito pensare che chi sostiene che la caffeina riduca la produzione di latte in realtà non abbia alcuna certezza di quanto afferma.

Non esistono quindi indicazioni certe su quale sia il quantitativo massimo di caffeina accettabile in allattamento. Tutto dipende dal bambino e dalle sue reazioni. Alcune fonti suggeriscono di non superare i 300 mg di caffeina al giorno ma si tratta di numeri indicativi, trattandosi comunque di una sostanza compatibile con l'allattamento.

Un'altra sostanza di cui è bene approfondire confini ammissibili e conseguenze è l'**alcool**.

L'alcool espone a una serie di rischi:

- sonno profondo nell'adulto che limita la capacità di percepire la presenza nel letto del bambino in caso di bed sharing e in generale i movimenti del bambino ed eventuali segnali nel sonno (che sono molto importanti per scongiurare la SIDS);

- riduzione del riflesso di emissione: il latte esce con più difficoltà e il bambino fa più fatica ad estrarlo;
- ritardi nello sviluppo psicomotorio del bambino (ancora in fase di studio).

Quindi, l'ideale sarebbe eliminare completamente l'alcool fino al termine dell'allattamento.

In ogni caso, come per ogni sostanza, è bene specificare che l'alcool non viene direttamente immagazzinato nel latte materno. L'alcool però è riscontrabile in un rapporto di 1:1 rispetto a quanto presente nel sangue (il latte è un emoderivato = deriva dal sangue) e raggiunge il suo picco dopo 30/60 minuti dall'assunzione.

Anche in questo caso è necessario tenere in considerazione alcuni elementi come lo stadio dell'allattamento, la quantità di alcool assunta, il metabolismo della mamma ecc.

Una soluzione, se proprio la mamma non volesse rinunciare a bere, potrebbe essere quella di tirarsi il latte prima di assumere alcool e poi somministrare quello in modo che il suo corpo faccia in tempo a eliminare la sostanza prima della poppata successiva.

E per quanto riguarda il **fumo**? È possibile fumare in allattamento?

Se la mamma che allatta fuma non è necessario passare immediatamente alla formula, dato che i vantaggi del latte materno sono comunque molto importanti. Ricerche dimostrano che i figli di mamme fumatrici allattati al seno sviluppano malattie respiratorie in percentuale minore rispetto ai figli di una mamma comunque fumatrice ma che non allatta. I fattori protettivi del latte materno, quindi, in caso di mamma fumatrice, sono più alti rispetto a quello che comporta smettere di allattare continuando comunque a fumare (le sostanze negative rimangono comunque nei vestiti, sulla pelle, sui capelli).

Pur essendo ancora in corso studi sulle conseguenze del fumo sui bambini, il fumo è stato correlato a:

- maggiore rischio di SIDS;
- minor produzione di latte;

- interferenza con il riflesso di emissione;
- maggiori problemi respiratori (polmoniti, asma, otiti, bronchiti ecc.).

La nicotina rimane in circolazione per circa 95 minuti dopo l'assunzione. Quindi l'ideale, se proprio la mamma non desidera smettere di fumare, sarebbe fumare subito dopo la poppata, in modo che il quantitativo di nicotina presente nel latte sarà il più basso possibile alla poppata successiva.

Per quanto riguarda le "quantità ammesse", secondo La Leche League, se si fumano meno di 10 sigarette al giorno le conseguenze sul bambino sono più basse. Oltre le 10 sigarette al giorno, invece, i rischi aumentano e le conseguenze peggiorano.

Se si decidesse di smettere di fumare, è bene ricordare che i sostituti della nicotina (cerotti, gomme da masticare ecc.) contengono comunque nicotina che, venendo assorbita dal sangue, si ritrova poi nel latte materno. Per questo motivo è importante farsi seguire da un professionista per utilizzare in maniera adeguata questi sostituti.

Le ultime sostanze di cui parlare sono le **droghe**.

Bisogna fare una distinzione tra droghe leggere e droghe pesanti.
Per quanto riguarda le droghe leggere è importante sottolineare che le sostanze stupefacenti si riscontrano nel latte materno in rapporto elevatissimo rispetto a quanto si riscontra nel sangue. Il bambino le assorbe e le assimila nel suo tessuto adiposo dove permangono anche per 3 settimane.
Per quanto riguarda le droghe pesanti, queste hanno una permanenza molto lunga nel latte materno e vengono assorbite dal bambino provocando anche allucinazioni, episodi di vomito, irrequietezza, brividi, aumento della frequenza cardiaca e addirittura dipendenza da parte del bambino ecc.).

Sicuramente, anche nel caso di assunzione di sostanze stupefacenti, è sempre importante valutare quantità e situazioni specifiche. L'allattamento, perfino in presenza di dipendenze, porta con sé talmente tanti aspetti positivi per il bambino e per la mamma che non sempre e non necessariamente l'interruzione dell'allattamento rappresenta la soluzione ideale. Chiaramente, qualora i rischi superassero i benefici e non ci fosse modo di ridurli, interrompere l'allattamento sarebbe la soluzione inevitabile. Ma non è così scontato, nemmeno in presenza di situazioni definite critiche, che allattare non rappresenti comunque la scelta migliore.

G

GIUDIZI

Quanti giudizi colpiscono le donne che scelgono di non allattare. E quanti colpiscono le mamme che scelgono invece di allattare. Come se qualsiasi decisione presa fosse quella sbagliata. In un periodo estremamente delicato, in cui la mamma si sente fragile e avrebbe bisogno di rassicurazioni, intervengono spesso giudizi, critiche e commenti spiacevoli.

Innanzitutto, è fondamentale chiarire una cosa: **ogni mamma, ogni diade, ogni famiglia, è libera di compiere le scelte che ritiene migliori per i propri equilibri e per la propria serenità**. L'importante è che queste decisioni vengano prese in piena consapevolezza e basandosi su informazioni corrette, anziché su falsi miti e credenze popolari.

Chiarito questo punto, nessuno ha il diritto di esprimere giudizi o criticare una scelta che, molto spesso, è frutto di elaborazioni non sempre semplici, di sacrifici e di tanti dubbi.

I giudizi sono frutto da un lato di scarse capacità empatiche e rispetto, dall'altro di informazioni scorrette o non aggiornate.

Una delle prime critiche che viene rivolta alla mamma che allatta è "questo bambino sta sempre attaccato" o "sei sempre con il seno al vento".

I neonati chiedono di poppare dalle 8 alle 12 volte al giorno (circa). Ciò significa che ogni 2/3 ore dall'inizio di una poppata è molto probabile che un bambino piccolo chieda nuovamente di essere attaccato al seno. Il suo stomaco è davvero molto piccolo e il latte materno è altamente digeribile, contrariamente al latte in formula (un bambino allattato digerisce in circa un'ora e mezza, un bambino che assume latte artificiale in circa 4 ore). Per questo motivo i bambini che prendono il biberon distanziano più rapidamente le poppate. La loro digestione è molto più lenta e faticosa. Inoltre, le poppate al seno, per un neonato, sono stancanti. Quindi spesso il bambino rimane

attaccato a lungo facendo alcune poppate efficaci di nutrizione, altre invece di relax e riposo. Per stimolare la produzione e la fuoriuscita di latte dal seno, un bambino deve fare uno sforzo decisamente superiore rispetto a quello che fa un bambino che trova il biberon pronto, con il latte che è già lì ad aspettarlo, senza necessità di estrarlo con forza.
Il "sempre attaccato" quindi è una percezione assolutamente personale e culturale che non tiene conto delle reali esigenze fisiologiche del bambino allattato al seno, soprattutto nelle prime settimane.

Un secondo giudizio fuori luogo riguarda la frequenza delle poppate che, secondo la maggior parte delle persone, dovrebbe essere regolare per abituare il bambino a tenere degli orari precisi e per non appesantire la digestione.

A questo proposito è importante ricordare che poppate frequenti ed efficaci sono l'unico modo per stimolare la produzione di latte e "aumentarla". Nessuna tisana e nessun altro comportamento influisce sulla produzione di latte quanto le poppate frequenti e senza limiti. Quindi stabilire e imporre orari al bambino è uno dei primi ostacoli all'allattamento in quanto allunga il processo di calibrazione e non permette al corpo di produrre esattamente la quantità di latte che il bambino richiede. In secondo luogo, il latte materno è altamente digeribile e pensato esattamente per soddisfare le esigenze di ogni singolo bambino (è diverso da mamma a mamma, è diverso ad ogni poppata, è diverso a seconda dell'orario della giornata). Per un bambino non esiste nulla di più adatto e digeribile del latte materno. Per questo motivo, l'idea che allattando spesso si appesantisca la digestione è assolutamente priva di fondamento.

Per non parlare di tutti i consigli che riguardano la durata delle poppate.

Non esistono indicazioni valide che stabiliscano quanto debba durare una poppata. Soprattutto nei neonati che stanno imparando a succhiare e che alternano poppate efficaci e poppate "a vuoto" è fondamentale lasciare che il bambino termini la poppata secondo i suoi ritmi. Questi ritmi, inoltre, non dipendono solo dalla sua maturità e quindi dall'efficacia della sua suzione (che aumenta più si allatta e man mano che il bambino cresce) ma dipendono anche dal riflesso di emissione della mamma, che può essere più o meno abbondante. Alcuni bambini potrebbero poppare a vuoto anche per diversi minuti prima che il latte arrivi. Interrompere la poppata, quindi, non permetterebbe al bambino di assumere la corretta quantità di latte a lui necessaria e influenzare, di conseguenza, anche la produzione.

A prescindere dalla durata della poppata, un bambino assumerà indicativamente la stessa quantità di latte: non è detto che poppate lunghe corrispondano a quantità più elevate di latte assunto e poppate più brevi a minore quantità. La durata della poppata dipende da moltissimi fattori, alcuni non visibili né misurabili dall'esterno e per questo è necessario lasciar guidare la poppata dal proprio bambino, affinché la termini solo nel momento in cui ha assunto tutto il necessario.

In caso di mastite è necessario sospendere l'allattamento.

Assolutamente no. In caso di mastite è più necessario che mai drenare bene il seno e svuotarlo il più possibile. Da valutare con il medico la contestuale assunzione di medicinali e antibiotici compatibili con l'allattamento. In caso di mastiti, allattare fa parte della terapia. Continuando ad allattare a richiesta, il tempo necessario per la guarigione dalla mastite diminuisce.

Se lo tieni sempre attaccato lo vizi.

La dimostrazione d'affetto, i gesti d'amore, le cure e la risposta immediata alle richieste e ai bisogni di un neonato non possono mai trasformarsi in vizio. I bambini molto piccoli esprimono esclusivamente piangendo le loro necessità, che siano nutritive, affettive o di altro genere. È importante che gli adulti di riferimento e la mamma in particolare dia costante dimostrazione al bambino della sua presenza, della sua disponibilità ad accogliere le richieste, anche se non sempre le comprende. E offrire il seno non è un modo semplice per evitare di approfondire le reali necessità del bambino. Dire che una mamma consola il pianto del suo bambino "mettendogli la tetta in bocca" non deve avere nessuna connotazione superficiale o negativa. Tendenzialmente è esattamente quello che il bambino chiede, cerca e desidera. La suzione al seno porta con sé una serie di meccanismi sia fisici (abbracci, carezze, contatto, pelle a pelle, odori ecc.), sia ormonali e psicologici che soddisfano a 360° le esigenze di un bambino. L'allattamento non è esclusivo nutrimento per cui non è vero che il seno debba essere proposto solo quando il bambino ha fame. Innanzitutto perché finché non avrà modo di parlare non sarà possibile

comprendere con totale sicurezza se abbia o meno fame. Il fatto che secondo noi abbia appena mangiato e non può chiedere ancora latte è una percezione che non tiene conto di come la poppata può essere andata, di quanto latte realmente abbia estratto, di quanto si sia saziato. In ogni caso, l'allattamento soddisfa una serie di bisogni ulteriori spesso legati al senso di protezione, alla necessità di tranquillizzarsi, a fastidi (la suzione al seno facilita l'espulsione di aria dal pancino e aiuta la peristalsi). Crescendo il bambino sperimenterà con i suoi adulti di riferimento, compresa la mamma, altre modalità di rapporto. Nei primi mesi, invece, quel tipo di rapporto che comprende l'allattamento è assolutamente istintivo e fisiologico ed è da soddisfare senza limiti e senza la proiezione di scenari che è necessario affrontare solo se e solo quando si presenteranno.
Ogni mamma, in ogni fase, può compiere le sue scelte. Se una mamma desidera modificare le dinamiche di allattamento con un bambino più grande sarà libera di farlo quando lo riterrà opportuno. Un bambino più grande può capire, a lui si possono spiegare verbalmente alcune situazioni e fare a lui alcune richieste. Inutile trovare dei sostituti per un bambino piccolo, solo per la paura di quello che potrebbe succedere più avanti. Quando una situazione che non è più accettabile dai genitori e dalla mamma si presenterà, allora sarà il momento di affrontarla. Prevenirla, senza nemmeno la certezza che si presenterà, richiede sforzi inutili e controproducenti rispetto alla soddisfazione di una richiesta molto istintiva e naturale di un neonato.

In merito al tipo di alimentazione che una mamma deve tenere durante l'allattamento è importante chiarire che i falsi miti abbondano. Dai cibi che fanno male al bambino a quelli che aumentano la produzione di latte.
Una mamma che allatta deve mantenere una dieta il più possibile equilibrata e una buona idratazione. Ma queste indicazioni non hanno nulla di diverso da quelle date in ogni momento della vita di una persona. Sono buone prassi da mantenere non solo durante l'allattamento.
L'allattamento non richiede nessun accorgimento specifico e nessuna limitazione particolare, sempre mantenendosi nell'ambito di una dieta sana ed equilibrata.
Nessun alimento contribuisce a far aumentare o diminuire la produzione di latte che è regolata essenzialmente dalla frequenza e dall'efficacia delle poppate.

Così come nessun alimento, di norma, provoca eccessivi fastidi al bambino: la quantità di nutrienti e sostanze che passano nel latte materno sono una piccola parte che solitamente non determina alcuna reazione nel bambino che sia direttamente collegabile.
Può succedere però che alcune sostanze possano creare delle manifestazioni allergiche nel bambino allattato al seno, o dei fastidi. Sarà quindi necessario, confrontandosi con il medico, provare ad eliminare alcuni alimenti per almeno una o due settimane e verificare se la situazione complessiva migliora. Discorso leggermente diverso va fatto per sostanze quali alcool, caffeina, nicotina ecc. (vedi capitolo F – Farmaci e sostanze).
Attenzione anche ai consigli legati alle diete in allattamento. Il solo allattamento richiede circa 500 kcal al giorno. È quindi fondamentale che la mamma assuma un quantitativo sufficiente di calorie, anche perché prendersi cura di un neonato, al di là dell'allattamento è molto faticoso. Avere carenze o debolezze legate a una dieta non equilibrata rispetto ai consumi e alla particolare situazione può portare a malumori, stanchezza eccessiva, nervosismo e sentimenti depressivi. L'allattamento solitamente facilita la ripresa del peso normale dopo il parto. Molto spesso invece, sarà la conclusione del percorso di allattamento a portare un ritorno alle condizioni fisiche che si avevano prima del parto. È quindi consigliabile non effettuare diete eccessivamente spinte in allattamento, assecondare le necessità del proprio corpo ed eventualmente favorire cibi più leggeri per limitare l'aumento di peso, rimandando al termine dell'allattamento altre decisioni.

Ancora troppo spesso circolano informazioni scorrette sull'alternanza o meno dei seni.
Al momento, le uniche indicazioni ufficiali suggeriscono di permettere al bambino di terminare la poppata da un solo seno. Quando sarà lui a staccarsi si potrà valutare se ritenere conclusa la poppata o offrire anche l'altro seno. Svuotare adeguatamente un seno è necessario per stimolare la produzione da quel seno e per permettere al bambino di assumere il latte più sostanzioso, quello che viene prodotto dopo almeno 10/15 minuti di suzione. La poppata successiva inizierà dal seno che non si è proposto nella precedente.
Eccezione a questa indicazione di massima potrebbe essere la presenza di un dotto ostruito o di un ingorgo. In questo caso è necessario attaccare il bambino al seno più rigido e dolorante affinché la suzione possa svuotare il seno e

ridurre il rischio che l'ingorgo aumenti o che si trasformi in mastite. Attenzione però a calibrare le poppate in modo che abbiano l'obiettivo di allentare la tensione al seno ingorgato per poi passare anche all'altro seno. Altrimenti il rischio è di continuare a stimolare un solo seno creando dei disequilibri nella produzione di latte o favorendo la formazione di ingorghi nel seno che non viene svuotato.

Anche tra allattamento e svezzamento esistono numerosi consigli non richiesti che sarebbe meglio ignorare. Come quello che suggerisce di introdurre gli "assaggini" di frutta a 3/4 mesi per "abituare al cucchiaino". Lo svezzamento, che sia tradizionale o che si tratti di autosvezzamento (si consiglia il libro della stessa collana "Dire Fare Svezzare – Autosvezzamento dalla A alla Z"), non deve avvenire mai prima dei 6 mesi. Solo in situazioni di acclamata malnutrizione o in presenza di patologie verificate e certificate dal pediatra è necessario procedere a uno svezzamento anticipato. Altrimenti lo svezzamento dovrà avvenire gradualmente, intorno ai 6 mesi di età, quando il bambino avrà imparato a reggere il busto, avrà dimostrato interesse verso il cibo e quando sarà scomparso il riflesso di estrusione, che è quel riflesso automatico che impedisce ai bambini di ingoiare elementi solidi (cibo compreso – per questo molti bambini sembra che "sputino" le prime pappe, perché non sono pronti a ingoiarle). Se lo svezzamento viene proposto nel periodo corretto di sviluppo psico–fisico del bambino non c'è alcun bisogno di "abituare il bambino al cucchiaino". Il bambino, se pronto, accetterà il cucchiaino e il suo contenuto senza bisogno di essere stato allenato a farlo. Abituare al cucchiaino era una prassi diffusa quando si era soliti svezzare a 4/5 mesi. In quella fase moltissimi bambini rifiutavano il cucchiaino perché non erano pronti fisiologicamente ad accoglierlo. Per questo motivo si credeva fosse necessario un allenamento graduale. In realtà basta semplicemente posticipare lo svezzamento al momento in cui il bambino è pronto e nessun allenamento si renderà più necessario. Lo stesso discorso vale per le allergie: prima si era soliti introdurre degli "assaggini" di alimenti allergizzanti proprio per abituare l'intestino a riceverli. Oppure si posticipava fino anche oltre i 12 mesi l'introduzione di quegli stessi alimenti. Le ultime ricerche hanno invece dimostrato che esiste una finestra temporale entro cui introdurre tutti gli alimenti, compresi quelli allergizzanti. Questa finestra si sviluppa tra i 6 e gli 8 mesi e non prevede un calendario di introduzione degli alimenti.

Su quando terminare l'allattamento si potrebbe aprire un capitolo a sé.

L'Organizzazione Mondiale della Sanità consiglia di proseguire l'allattamento fino ai 2 anni e oltre se mamma e bambino lo desiderano. Ma i giudizi sulle mamme che allattano bambini "grandicelli" non si contano. Eppure le analisi sul latte materno dimostrano che proprio oltre i 18/24 mesi il latte materno presenta ancora altissime proprietà protettive del sistema immunitario. Quindi la frase "ormai il tuo latte è acqua" è uno dei preconcetti più sbagliati che esistano sull'allattamento al seno. A questi aspetti si unisce quell'idea, tipica dei paesi occidentali industrializzati, della necessità di terminare l'allattamento per rendere autonomo e indipendente un bambino. La realtà è che i Paesi in cui l'allattamento prosegue più a lungo e i bambini vengono portati in fascia sulle spalle della mamma crescono i bambini (e poi ragazzi) più autonomi e indipendenti del mondo. Questo perché un bambino è piccolo per molto più tempo di quanto noi lo consideriamo tale. E un bambino ha l'estrema necessità di creare una base solida di sicurezza per poter esplorare il mondo in autonomia. Inoltre, molti studi pedagogici e sociologici dimostrano che i bisogni soddisfatti durante l'infanzia scompaiono mentre, se non vengono soddisfatti, permangono latenti anche nell'adolescenza e nell'età adulta. Per questo motivo, pur avendo tutti l'obiettivo di crescere figli capaci di affrontare il mondo con autonomia e indipendenza, è molto importante non accelerare questo distacco dalla mamma e dai genitori, così come da tutti quei gesti che per il bambino hanno una connotazione positiva di sicurezza e stabilità. Il rischio è un atteggiamento opposto di timore e insicurezza nei confronti del mondo.

Sono molte anche le credenze sull'allattamento in gravidanza oppure l'allattamento contemporaneo di due gemelli o di due fratellini di età diverse. Molti giudicano negativamente la mamma che sceglie di proseguire l'allattamento del bambino più grande durante la gravidanza, sostenendo che sia pericoloso e che possa provocare un aborto. In realtà non esistono studi che dimostrino questa correlazione. L'unico elemento che si conosce è che l'allattamento libera ossitocina e quindi, nelle ultime settimane di gravidanza, possa stimolare l'inizio del travaglio. Questa però non rappresenta una condizione negativa. Semmai aiuta in quelle gravidanze che si prolungano oltre il termine. L'allattamento quindi può effettivamente favorire un travaglio ma solo quando la gravidanza è ormai giunta al termine e non

prematuramente come spesso si racconta.
Durante la gravidanza, alcune donne raccontano di aver notato un calo della produzione o una modifica del sapore del latte. Altre invece non segnalano alcun cambiamento.
Allo stesso modo molte mamme dopo aver provato a proseguire l'allattamento anche durante la gravidanza hanno preso la decisione di terminarlo o perché si sentivano eccessivamente stanche e indebolite oppure perché provavano fastidio al seno e ai capezzoli.
La scelta in questo caso deve spettare alla mamma, in base alla sua volontà e alle sue sensazioni e valutazioni. L'importante è che si possa trattare di una scelta consapevole e non guidata da giudizi o da luoghi comuni infondati.

Lo stesso capita anche nella scelta di allattare due bambini contemporaneamente, gemelli o fratellini di età differenti.
Sicuramente l'allattamento in tandem rappresenta un'esperienza impegnativa che merita sostegno e incoraggiamento.
La possibilità di riuscire nell'impresa esiste proprio perché il corpo di ogni mamma sa regolare la produzione di latte in base alla richiesta. Se la richiesta "raddoppia" allora anche la produzione raddoppierà.
In caso di gemelli, almeno all'inizio, la soluzione migliore è quella di allattarli contemporaneamente, ognuno da un seno. In questo modo, terminata la poppata la mamma ha del tempo per riposarsi.
Alcune mamme di gemelli, invece, testimoniano di aver trovato più comodo allattare in sequenza i bambini.
Lo stesso vale in presenza di fratelli di età diverse: è possibile sia allattare contemporaneamente, sia scegliere di dedicare ad ogni bambino il proprio momento esclusivo.
In questa situazione il giudizio che spesso accompagna la scelta di proseguire l'allattamento di entrambi riguarda soprattutto il bambino più "grande". E anche in questo caso la decisione spetterà esclusivamente alla mamma, nella convinzione che allattare a lungo rappresenta un regalo inestimabile per la salute del proprio bambino e che è la stessa Organizzazione Mondiale della Sanità a consigliarlo.
Sicuramente il rischio che la mamma provi una sorta di "rifiuto" per il primo bambino, ormai visto improvvisamente grande, è comprensibile. Subentra anche un eccesso di contatto che la mamma può vivere con fastidio.

Sarà la valutazione di questi e altri aspetti a condurre la mamma ad una scelta serena e ponderata e non dettata dalla paura di essere giudicata o dalle critiche senza fondamento che le vengono rivolte.

Per finire, molti sostengono ancora che non sia possibile allattare un bambino nato pretermine. Nulla di più falso. La prematurità è una condizione in cui l'allattamento rappresenta un'importante azione preventiva rispetto a infezioni e complicazioni. Il latte prodotto da una mamma che ha partorito prematuramente è diverso dal latte prodotto da una mamma che ha partorito a termine proprio per rispondere alle specifiche esigenze di un neonato più fragile. Sicuramente l'immaturità dello sviluppo del bambino renderanno l'avvio dell'allattamento più complesso e lungo ma con il giusto sostegno professionale e con la forza e la convinzione anche una mamma di un bambino prematuro potrà allattare serenamente e a lungo.
La stessa credenza vale in caso di parto cesareo o di seno piccolo. Tutte condizione che, come abbiamo già avuto modo di vedere, non influenzano di per sé la produzione di latte e la possibilità di allattare. L'importante è consentire sempre l'avvio dell'allattamento entro massimo un'ora dal parto e incentivare l'attacco del bambino a richiesta, senza orari e senza l'introduzione di interferenti.

Questi sono solo alcuni dei giudizi che colpiscono le mamme che scelgono l'allattamento per i propri bambini. Sono forse i più diffusi. Ne esistono senz'altro molti altri, almeno tanti quante sono le persone. Ogni mamma deve imparare ad avere grande consapevolezza sull'allattamento per poter ignorare le critiche o, se lo desidera, rispondere a tono e sostenere la propria posizione.

H

HO ABBASTANZA LATTE?

Questa è la domanda delle domande. Sempre. Per qualsiasi mamma che allatta. A volte il dubbio può durare poche ore o pochi giorni. In altri casi è un dubbio assillante o che si ripresenta più volte nel corso dell'allattamento.

Insieme a: "il mio latte sarà abbastanza consistente?".

La realtà è riassunta in questa semplice frase:

"Non si allatta se si ha latte. Si ha latte se si allatta".

La **produzione di latte** è un avvenimento molto naturale, regolato da ormoni che si innalzano durante la gravidanza e si abbassano drasticamente al momento dell'espulsione della placenta, subito dopo il parto. L'abbassamento di questi ormoni avvia in automatico la produzione di latte.

Tutte le donne che partoriscono, quindi, fisiologicamente attivano il corpo alla produzione di latte.

Ma se la produzione di latte è un fatto del tutto naturale, allattare è un'esperienza che coinvolge non solo il fisico ma anche la mente e interessa non solo mamma e bambino ma tutte le persone che circondano la diade.

Dopo i primissimi giorni, quando la produzione di latte è regolata automaticamente dagli ormoni, intorno al secondo/terzo giorno il meccanismo di produzione del latte cambia. Il seno produce latte in base a quanto viene svuotato. Maggiore è la frequenza e il livello di svuotamento del seno, superiore sarà la produzione di latte. Ogni volta che il bambino allatta, quindi, il seno si svuota e il cervello riceve il messaggio che nuovo latte deve essere prodotto. Poppate molto ravvicinate e intense, quindi, favoriscono la produzione di latte.

Per questo motivo il primo e unico consiglio davvero utile e valido per aumentare la produzione di latte è quello di **non porre nessun limite alla richiesta del bambino di poppare**, soprattutto durante le prime settimane. Il seno deve essere stimolato dal bambino ogni volta che lui ne sente il bisogno. Non è necessario misurare né la frequenza delle poppate, né la durata delle stesse.

Poppate frequenti e intense possono gettare la mamma nello sconforto. È emotivamente impegnativo sapere di avere la totale responsabilità della nutrizione del proprio bambino e nessuno strumento di controllo immediato (come invece avviene con il biberon in cui si può vedere quanto latte il bambino beve). Per questo motivo, bambini che richiedono spesso il seno portano la mamma a dubitare della quantità del suo latte o della sua sostanza.

Questa sensazione è assolutamente normale e non va in nessun modo sminuita. È normale sentirsi in difficoltà e sono normali tutti i dubbi a riguardo. L'importante è scindere i due piani. Il fatto che una mamma sia preoccupata, sia stanca e non ritenga "normale" attaccare il bambino con tale frequenza e per tanto tempo di fila riguarda la sfera emotiva della mamma. Non riguarda la qualità o quantità del proprio latte, che non è in discussione.

Un bambino appena nato ha uno stomaco molto piccolo (veramente molto piccolo). Il latte materno è facilmente digeribile, molto più del latte in formula. Per questo lo stomaco di un bambino allattato al seno si svuota molto più velocemente rispetto allo stomaco di un bambino che prende il latte artificiale. È quindi assolutamente normale che un bambino allattato al seno lo richieda mediamente 8/12 volte nell'arco di una giornata e a intervalli non sempre regolari (a volte lo richiede dopo 20 minuti, altre volte dopo una nanna di 3 ore). A prescindere dalla frequenza delle poppate, nell'arco dell'intera giornata indicativamente lo chiederà più o meno lo stesso numero di volte e prenderà la stessa quantità di latte (magari distribuita diversamente da poppata a poppata).

Inoltre, per un neonato, non esiste alcuna differenza tra il giorno e la notte, almeno fino ai 2 mesi. Per questo motivo l'aspettativa che di notte un bambino tenga più di 2 ore è un'aspettativa che molto probabilmente non si realizzerà. Il bambino è "programmato" per prendere una determinata quantità di latte nelle 24 ore, senza distinzione tra notte e giorno. Anzi, spesso potrebbe chiederne di più durante la notte, per svariati motivi. La notte infatti, tra gli altri motivi, si alza la prolattina e la produzione di latte è maggiore. Di notte poi la situazione è più tranquilla, mamma e bambino sono meno soggetti a stimoli, per questo il bambino potrebbe trovare maggiormente piacevole poppare durante la notte, in un'atmosfera rilassata e tranquilla.

Questo processo è estremamente importante perché permette l'attivazione della **fase di calibrazione**: un periodo durante il quale il bambino e il corpo della sua mamma imparano gradualmente a conoscersi e a capire di quanto latte c'è bisogno.

Molti studi sostengono che i primi 40 minuti dopo il parto siano fondamentali per un corretto avvio dell'allattamento. Appoggiare il bambino sulla pancia della mamma subito dopo il parto e permettergli di avvicinarsi al seno quando si sente nelle condizioni di farlo è il primo passo fondamentale per l'avvio dell'allattamento.

Per questo è consigliabile rimandare qualsiasi intervento che non abbia carattere d'urgenza ad un momento successivo rispetto all'attacco del bambino al seno. Il bagnetto, la visita, la vestizione, possono tranquillamente essere effettuati dopo che il bambino si sia attaccato al seno della mamma e abbia iniziato un primo accenno di suzione.

Anche in caso di parto cesareo, l'attacco del bambino al seno della mamma deve essere una priorità, insegnando alla mamma come portare il bambino al seno nel rispetto dell'operazione subita e di eventuali dolori o fastidi alla ferita. E anche in caso di parto cesareo le tempistiche della prima poppata devono mantenersi entro la prima ora dalla nascita.

Nel caso in cui, invece, non sia possibile attaccare il bambino al seno, la mamma deve essere aiutata con una stimolazione meccanica attraverso un tiralatte, con il sostegno del personale medico. È importante effettuare almeno 8 spremiture al giorno (meglio 12) per garantire una stimolazione sufficiente per l'avvio della produzione di latte.

La paura di non avere latte o di non averne abbastanza resta però uno dei principali motivi per cui una mamma rinuncia ad allattare. Uno studio ha dimostrato che quasi tutte le donne che dicono di non avere latte hanno una produzione di latte esattamente identica alle donne che allattano.

I principali motivi che fanno credere a una mamma di non avere latte sono:

- un bambino che chiede spesso di poppare;
- un bambino che sembra affamato anche "solo" dopo un'ora (o anche meno) dall'inizio dell'ultima poppata;
- un aumento improvviso della frequenza e/o della durata delle poppate;
- una diminuzione improvvisa della durata delle poppate;
- un bambino irrequieto;
- poche o nulle perdite di latte dal seno;
- il seno morbido;
- un'estrazione scarsa con il tiralatte.

In realtà nessuna di queste situazioni è indice di una scarsa produzione di latte. Quello che spinge un bambino a richiedere il seno non è esclusivamente fame. Una serie di bisogni fisiologici ed emotivi vengono soddisfatti attraverso la suzione del latte materno.

Quando una o più delle situazioni sopra descritte potrebbero far dubitare una mamma sulla quantità o consistenza del suo latte, la risposta sarà sempre e solo una: "il tuo latte è perfetto per il tuo bambino". Il fatto che lui pianga, che richieda spesso di essere attaccato al seno, che fatichi a prendere sonno sono situazioni che possono essere gestite e risolte senza compromettere l'allattamento.

Un bambino che chiede spesso di poppare è un bambino sano e attivo. È stancante, è vero. Ma sta aiutando il corpo della mamma a produrre la quantità di latte che gli serve e si sta allenando per diventare sempre più efficiente ed efficace. Intorno ai 3 mesi ridurrà il numero e la frequenza delle poppate.
Lo stesso vale per un bambino che chiede di poppare pochi minuti dopo che la poppata è terminata. Non essendo ancora così forte e così "capace" potrebbe

essere che si addormenti prima di saziarsi completamente. Oppure che un po' di aria nel pancino lo abbia illuso di essere soddisfatto quando invece non lo era. Per cui nessun problema: se il bambino chiede di essere riattaccato anche dopo pochi minuti dal termine della poppata semplicemente è giusto accontentarlo.

Se il bambino si dimostra nervoso e irrequieto viene sempre data la colpa alla scarsa produzione di latte. Ma nella maggior parte dei casi non è così. Sono tante le situazioni che potrebbero innervosire un neonato senza necessariamente ricorrere all'integrazione del latte in formula.

Anche la scarsa o assente perdita di latte sia durante la gravidanza sia durante l'inizio dell'allattamento non significa che la quantità di latte sia insufficiente. Ogni donna e ogni seno sono fatti in modo diverso e il riflesso di emissione, che regola la fuoriuscita di latte, è più o meno attivo senza in nessun modo determinare la quantità di latte che il bambino trova a disposizione.

Stesse indicazioni valgono per le mamme che decidono di estrarre il latte con il tiralatte per capire se ne hanno a sufficienza. Innanzitutto, a seconda del tiralatte scelto la resa sarà anche notevolmente differente (non è secondario, quindi, farsi guidare nella scelta del tiralatte migliore per il proprio seno). Inoltre ci sono seni decisamente più rispondenti di altri ad una stimolazione meccanica, diversa da quella attivata dal bambino. Attaccare il proprio bambino al seno provoca reazioni ormonali ed emotive ben diverse da quelle generate da un tiralatte: queste emozioni favoriscono la produzione di latte e anche la sua fuoriuscita. Per questo è molto frequente che con un tiralatte una mamma riesca ad estrarre solamente poche gocce e niente di più (a volte nemmeno quelle). Quindi, almeno in una prima fase, misurare la propria produzione sulla base di quanto latte si riesce ad estrarre è fuorviante: quello non è il latte prodotto, è il latte che il tiralatte (o le altre tecniche di spremitura) ha permesso di estrarre – quantità che non corrisponde a quella che il bambino sarebbe riuscito ad estrarre succhiando direttamente dal seno.

Un'altra situazione che rischia di gettare nello sconforto una mamma è l'improvviso "svuotamento" del seno. Prima la calata era evidente e il seno era teso e gonfio. Dopo le prime settimane, invece, la sensazione della presenza del latte si riduce, fino quasi a scomparire. In realtà ben venga il seno morbido! Significa che la fase di calibrazione si è conclusa con successo e adesso non c'è più bisogno di immagazzinare scorte di latte che gonfiano i seni ma che aumentano anche il rischio di ostruzioni, ingorghi e mastiti. Il latte verrà prodotto solo nel momento in cui il bambino verrà attaccato al seno.

Anche in presenza di un bambino che ha sempre allattato positivamente possono verificarsi dei periodi di allattamento più complicato.
Tra le tante cause, due in particolare meritano approfondimento in quanto preoccupano particolarmente le mamme.
Una prima situazione che porta il bambino a richiedere il seno con una frequenza maggiore e innesta nelle mamme il dubbio di avere ancora latte a sufficienza è il cosiddetto "**scatto di crescita**". Si tratta di una fase transitoria in cui il bambino ha necessità che il seno aumenti la produzione di latte. Perché questo avvenga il bambino sa che è necessario stimolare il seno con maggiore frequenza e quindi aumenta il numero delle poppate nelle 24 ore, apparendo insaziabile e irrequieto. Questa condizione potrebbe durare qualche giorno per poi ristabilirsi naturalmente. Gli scatti di crescita solitamente si presentano intorno alla seconda o terza settimana, poi nuovamente a 6 settimane e poi verso i 3 mesi. Andando avanti si presenteranno altri scatti di crescita (ad esempio a 6 e a 9 mesi) ma solitamente sono meno evidenti e meno difficili da affrontare. Quando si presentano è molto importante assecondare la richiesta proprio perché non si tratta di un "capriccio" bensì di un'esigenza fisiologica di aumento della produzione di latte dovuto alla sua crescita e quindi alle sue necessità. Produzione che può essere aumentata esclusivamente accogliendo e soddisfacendo tale richiesta, senza interferire con ciucci o tisane per allungare i tempi tra una poppata e l'altra.
Una seconda condizione, opposta allo scatto di crescita, è il cosiddetto "**sciopero del poppante**": il bambino, dopo un periodo di allattamento sereno, rifiuta completamente il seno. Può succedere che una mamma interpreti questo comportamento come un segnale di svezzamento. Difficile che si tratti di questo se la situazione si presenta prima dei 12/18 mesi. È più probabile che si tratti proprio di uno sciopero del poppante e che si risolverà nel giro di qualche tempo. Se ci si trova in questa situazione, la priorità deve restare il nutrimento del bambino. Se il bambino non si attacca in nessun modo ma rimane irrequieto e dimostra di essere affamato è possibile provare a tirarsi il latte e somministrarglielo attraverso un biberon (meglio ancora con un cucchiaino o una tazzina per evitare interferenze nella suzione).

Contemporaneamente la mamma deve puntare a mantenere una corretta produzione, stimolando il seno spremendo il latte manualmente o con un tiralatte.

È importante sottolineare che non c'è nulla che non vada nella mamma o nel suo latte. Spesso lo sciopero del poppante deriva da un fastidio che il bambino prova (un raffreddore, un'otite, una posizione scomoda) oppure per un'esperienza negativa vissuta durante una poppata (uno spavento, uno stimolo eccessivo, la pressione della testa verso il seno per costringerlo ad attaccarsi controvoglia, un riflesso di emissione molto forte che gli dà la sensazione di soffocare). Anche la proposta di biberon può causare un rifiuto del seno: la suzione da biberon è molto diversa da quella da seno e un bambino a cui viene frequentemente proposto il biberon potrebbe non ritrovarsi più nella poppata al seno.

Per riportare il bambino al seno dopo uno sciopero del poppante è possibile procedere gradualmente provando a offrire il seno quando il bambino non è troppo affamato (in modo che non sia disturbato e sia anche più paziente nell'attendere la fuoriuscita di latte). Molte mamme testimoniano che sia più semplice farlo di notte, quando il bambino è in dormiveglia.

L'importante è avere pazienza e farlo in maniera graduale, senza cedere al nervosismo e senza costringere il bambino ad attaccarsi, comportamento che potrebbe allontanare ancora di più.

Solitamente lo sciopero del poppante rientra in 2/4 giorni, massimo una settimana.

In queste situazioni le mamme mettono fortemente in dubbio la propria capacità di produrre latte a sufficienza per il proprio bambino. Ed è su questa preoccupazione che si insinuano i luoghi comuni su come aumentare la produzione di latte, tra i quali:

- bere molto, oltre al proprio senso di sete;
- bere tisane specifiche;
- assumere integratori apposta;
- bere latte perché fa latte;
- mangiare particolari alimenti;
- aspettare un determinato intervallo fra una poppata e l'altra.

Ma la realtà è solo una: la produzione di latte è regolata quasi esclusivamente dalla stimolazione che il bambino ne fa. Più il bambino viene attaccato al seno, più il seno viene stimolato, più latte viene prodotto.

Esistono effettivamente delle situazioni in cui la produzione di latte può essere ridotta.
Queste cause si distinguono in endogene (che riguardano la fisiologia della mamma) o esogene (comportamenti o situazioni esterne).

Tra le cause endogene che potrebbero essere alla base di una ridotta produzione di latte si trovano:

- ovaio policistico;
- ipotiroidismo accentuato e non trattato;
- placenta ritenuta (non espulsa completamente dopo il parto);
- mastoplastica additiva o riduttiva.

Tra le cause esogene (che non dipendono quindi da patologie legate alla mamma) si trovano:

- attacco scorretto del bambino al seno;
- poppata non efficace;
- allattamento a orario e non a richiesta;
- poppate non frequenti;
- utilizzo di interferenti (ciucci, tisane ecc.);
- somministrazione di aggiunte;
- stress e stanchezza eccessiva della mamma.

Come aumentare la produzione di latte?

Talvolta stress e stanchezza inibiscono il riflesso di emissione, ossia la facilità con cui il latte viene spinto fuori attraverso i dotti.
Per questo si sente dire che uno spavento "fa andare via il latte": in realtà il latte non sparisce mai improvvisamente. Semplicemente il latte è presente ma per la tensione e la stanchezza non riesce ad uscire o esce molto lentamente.
Vale anche il contrario: a volte un riflesso di emissione particolarmente accentuato può rendere complesso l'allattamento. Il bambino si sente investito

da un getto consistente di latte che finisce direttamente nella sua gola, dandogli la sensazione di soffocare o comunque il fastidio di non riuscire a gestirlo e di esserne sopraffatto. La poppata diventa molto nervosa, il bambino piange, si attacca e si stacca nervosamente dal seno tanto da far dubitare la mamma sulla presenza di latte. In questa situazione possono aiutare impacchi freddi poco prima della poppata, spremere un po' di latte manualmente prima di attaccare il bambino al seno in modo che la pressione venga ridotta, provare una posizione differente (ad esempio stendersi sulla schiena e appoggiare il bambino sul petto lasciando che raggiunga il seno – in questo modo la forza di gravità rallenta leggermente il riflesso di emissione; oppure provare a tenere il bambino più in verticale, così che il getto, seppure più accentuato, non gli finisca direttamente nella gola e possa essere gestito con maggiore semplicità).

Per uscire da questa situazione di incertezza sulla quantità del proprio latte è importante proseguire nell'allattamento, con il sostegno della famiglia: attaccare il bambino al seno a richiesta, trovare dei momenti sereni per la mamma, cercare di riposare e rilassarsi il più possibile per permettere al latte di fluire con più facilità.

Per riassumere, quindi, ecco gli unici comportamenti che realmente favoriscono un aumento della produzione del latte:

- **allattare spesso**, assecondando i primi segnali di fame (il pianto è già l'ultimo segnale di fame). Meglio allattare una volta in più che una in meno;
- verificare che la **suzione sia efficace**, ossia che il bambino estragga una buona quantità di latte (nella stimolazione del seno per una corretta produzione del latte è importante che la suzione sia efficace. Non importa la reale durata della poppata, breve o lunga, l'importante è che tale suzione sia efficace e vada a svuotare il più possibile il seno in ogni sua parte);
- controllare che l'**attacco** sia **adeguato** e che la stimolazione del seno sia corretta;
- assicurare alla mamma il giusto **riposo** e lasciarle del **tempo per prendersi cura di sé**, sollevandola da ogni incombenza legata alla casa e alle commissioni quotidiane.

Inoltre, è importante:

- se si utilizzano paracapezzoli assicurarsi che siano ben posizionati e che non interferiscano con la profondità dell'attacco;
- stimolare il seno con il tiralatte elettrico (il manuale non è sufficiente) se il bambino non si attacca adeguatamente o le poppate sono poco frequenti o troppo brevi;
- in caso di ingorghi o giornate particolarmente stressanti, effettuare impacchi caldi qualche minuto prima della poppata per rilassare la muscolatura del seno e favorire la fuoriuscita del latte (da evitare in caso di riflesso di emissione già accentuato).

Integratori e tisane non hanno un reale effetto sull'aumento della produzione di latte. Potrebbero però aiutare la mamma a riposarsi e rilassarsi e, di conseguenza, avere un effetto indiretto sull'aumento della produzione di latte. Si possono quindi assumere tisane ma solo se sono di gradimento per la mamma e la aiutano a rilassarsi. Assumere tisane che non piacciono credendo che di per sé aumentino la produzione di latte è assolutamente errato. Le tisane incidono sul rilassamento e questo favorisce la produzione di latte. Se la mamma deve sforzarsi per assumere tisane che non gradisce queste avranno un effetto addirittura controproducente.

Per concludere, quindi, spesso le mamme che credono di non avere abbastanza latte hanno esattamente la stessa quantità di latte delle mamme che allattano.
Interpretano solo diversamente segnali che nei neonati sono abbastanza frequenti e normali.

Sicuramente si possono dare delle indicazioni di massima sulla crescita di peso ma queste indicazioni non possono e non devono rappresentare l'unico metro di valutazione:

- il calo fisiologico dei primi giorni deve essere recuperato indicativamente entro due settimane;
- l'aumento di peso (misurato dal pediatra settimanalmente e sempre con la stessa bilancia professionale) deve attestarsi tra i 120 e i 220 g settimanali (o tra i 500 g e il chilo in un mese);

- l'aumento di statura è di circa 2,5 cm in un mese;
- la circonferenza cranica cresce di circa 1,2 cm al mese;
- il bambino deve bagnare 5/6 pannolini usa e getta al giorno.

Questo vale per le prime settimane. Andando avanti questi valori diminuiscono: ad esempio dai quattro ai sei mesi la crescita settimanale si assesta tra gli 80 g e i 150 g mentre tra i sei e i dodici mesi tra i 40 g e i 90 g a settimana.

Si tratta di aspetti che è bene interpretare insieme a una figura di riferimento (il pediatra e/o una consulente allattamento) in modo tale che il quadro sia sempre generale e non si prenda mai come riferimento un unico parametro che, solitamente, da solo ha poco significato (a volte può succedere, ad esempio, che un bambino non aumenti adeguatamente di peso ma cresca bene in altezza o aumenti la propria circonferenza cranica: tutti aspetti che in autonomia sarebbero difficili da monitorare).
È molto importante sapere che, al di là della quantità di latte prodotta, ogni bambino ha una struttura genetica assolutamente personale che lo renderà diverso da tutti gli altri (potrà magari mangiare tanto ma aumentare poco di peso). E queste caratteristiche, molto probabilmente, rimarranno proprie di quel bambino anche nelle fasi di crescita future. Non sarebbe giusto, in alcun modo, non tenere conto delle caratteristiche specifiche che ogni individuo ha, limitando esclusivamente alla valutazione del peso il giudizio sul suo stato di salute.

I

INGORGO, DOTTO OSTRUITO, MASTITE E CANDIDA

Nei primi giorni dopo il parto la "montata lattea" può essere causa di indolenzimento del seno.
La montata lattea potrebbe arrivare anche dopo una settimana o più. Il tutto dipende, oltre che da fattori personali e specifici che dipendono da mamma a mamma, dalla frequenza con cui si attacca il bambino al seno e dall'efficacia della suzione.

Per questo è molto importante, soprattutto nei primi giorni, non contare il numero delle poppate e la durata delle stesse. Paradossalmente è meglio "esagerare" e proporre il seno più volte di quelle realmente necessarie. La suzione del bambino favorisce la produzione di latte, velocizza la montata lattea e permette al bambino di avere il latte a disposizione il prima possibile.

Spesso la mamma crede che l'arrivo della montata lattea risolva i pianti del bambino che forse vuole attaccarsi al seno molto spesso perché non riceve sufficiente nutrimento durante i primi giorni. Questo può accadere ma non è scontato. Una volta arrivata la montata lattea, il bambino potrebbe addirittura volersi attaccare ancora più spesso. Nei primi giorni ha vissuto in una situazione di "scarsità". Adesso che ha capito di poter avere a disposizione del nutrimento, istintivamente, appena avverte un piccolo stimolo di fame desidera attaccarsi, per paura che il latte finisca e che debba fare scorta finché ce n'è. L'importante è far capire al bambino che ogni volta che ne sente il bisogno il latte è a disposizione, non sparirà più. Per questo è necessario assecondare le sue richieste.

Questo periodo viene indicato come **"fase di calibrazione"** proprio perché mamma e bambino stanno imparando a conoscere le rispettive esigenze. Il bambino ha la necessità di far sapere di quanto latte ha bisogno e il corpo della mamma deve gradualmente attivare la produzione di quel quantitativo. È assolutamente indispensabile concedere a questo processo il tempo necessario senza pretendere, come troppo spesso accade, che si entri subito a regime. Ed è altrettanto importante rassicurare la mamma che il suo bambino è "programmato" per poter rispettare questo ritmo. Non morirà di fame nel periodo della calibrazione. Sicuramente però potrebbe piangere spesso per segnalare alla mamma di attaccarlo al seno e poter così stimolare la produzione di latte secondo le sue necessità.

Solo ed esclusivamente assecondando queste richieste senza porre alcun limite (né di quantità, né di frequenza, né di durata delle poppate) nel giro di circa un mese la produzione di latte entrerà a regime e sarà calibrata sulle reali esigenze di ogni singolo bambino.

Già a partire dal secondo mese, progressivamente, la produzione di latte e la richiesta dello stesso da parte del bambino troveranno quindi un equilibrio.

Proprio per questo motivo, durante le prime settimane di assestamento (almeno durante tutto il primo mese), il seno della mamma non avrà ancora una produzione di latte regolare. Questo potrebbe comportare alcune conseguenze e mettere in difficoltà la mamma.

La buona notizia è che si tratta di situazioni che è possibile risolvere prima che si trasformino in condizioni più gravi. Ma anche qualora dovessero innescarsi processi infiammatori acuti è possibile ancora risolverli senza compromettere l'allattamento.

Tra i principali fastidi che possono coinvolgere la mamma durante le prime settimane di allattamento e che interessano il seno, vi sono il dotto ostruito, l'ingorgo e la mastite.
Si tratta di situazioni tipiche soprattutto della prima fase di allattamento, proprio perché sono causate dall'assestamento del seno e dalla regolazione della produzione di latte.
A volte, ma più raramente, gli stessi problemi possono presentarsi in fasi avanzate dell'allattamento, quando passaggi di crescita richiedono un nuovo riequilibrio della produzione di latte (ad esempio quando il bambino potrebbe iniziare a dormire tutta la notte o quando lo svezzamento ridurrà le poppate).

Per riassumere le **cause principali** di queste patologie, le più frequenti sono da ricondurre a:

- poppate troppo distanziate o troppo brevi;
- intervalli di tempo lunghi tra una poppata e l'altra, e quindi a una rimozione del latte inadeguata rispetto alla velocità con cui viene prodotto;
- interferenze che impediscono al bambino di attaccarsi spesso al seno (somministrazione di aggiunte, uso del ciuccio durante il primo mese, allattamento a orari anziché a richiesta);
- una posizione scorretta del bambino al seno;
- la presenza di ragadi (che rappresentano la porta d'ingresso privilegiata per batteri che potrebbero dare origine a una mastite);
- uso di reggiseni o altri indumenti troppo stretti;
- una compressione continua sullo stesso punto del seno con le dita, ad esempio mettendo le dita a "forbice" per sostenere il seno, o le spalline del marsupio/fascia portabebé o della tracolla della borsa;
- stress e stanchezza (in questo caso stress e stanchezza hanno un'implicazione fisiologica. Stress e stanchezza, infatti, sono inibitori dell'ossitocina, l'ormone che regola il riflesso di emissione. Se il livello di ossitocina è basso il latte viene ugualmente prodotto nelle quantità richieste dal bambino ma fatica ad uscire. Questo comporta il fatto che il seno venga svuotato con meno efficacia e che, molto probabilmente, parte del latte rimanga all'interno dei dotti, infiammando i tessuti circostanti. Per questo il risposo è fondamentale: riportando la produzione di ossitocina a livelli corretti – attraverso il relax e il recupero del sonno – i tessuti si ammorbidiscono e consentono al latte di fluire con maggiore facilità, svuotando completamente il seno e liberandolo dall'ingorgo).

Si parla di **dotto ostruito** nel caso in cui si riesca a individuare un punto preciso del seno particolarmente sensibile e dolorante, come se fosse presente un nodulo doloroso (dolore simile a quello di un livido). I dotti sono i canali attraverso cui fluisce il latte dal seno verso il capezzolo, fino alla bocca del bambino. Se un dotto si ostruisce, a causa di un accumulo di latte non drenato, il latte restante non riesce a scorrere liberamente fuori dal seno attraverso quel canale.

Oltre al dolore localizzato, un altro indice di dotto ostruito può essere la presenza sul capezzolo di un puntino bianco come di latte "condensato", la cosiddetta "vescica da latte" (non sempre si forma).

Se è presente un puntino bianco, è possibile provare a sfregare il capezzolo con un asciugamano bagnato con acqua tiepida per cercare di eliminare l'ostruzione. Se l'acqua non è sufficiente, è possibile provare a utilizzare un po' di olio d'oliva, passandolo con un batuffolo di cotone. È possibile lasciare il batuffolo imbevuto d'olio a contatto con il capezzolo per una decina di minuti, in modo da ammorbidire l'ostruzione. Avendo ammorbidito il puntino, una volta attaccato il bambino, la sua suzione dovrebbe essere sufficiente per liberare il dotto. In alternativa all'olio possono essere utilizzati anche l'aceto oppure un po' di acqua e sale (un paio di cucchiaini di sale in una tazza d'acqua tiepida): attenzione a non utilizzare queste soluzioni in presenza di ragadi o di pelle screpolata e tesa perché potrebbero bruciare e infiammare ulteriormente la zona. In questi due ultimi casi, prima di attaccare il bambino, è importante sciacquare bene il capezzolo con acqua corrente per eliminare il sapore dell'aceto e del sale.

Questi metodi potrebbero non funzionare immediatamente e andrebbero ripetuti più volte al giorno (anche 3 o 4). Effettuati con costanza i trattamenti, il problema dovrebbe risolversi nell'arco di 24/48 ore.

L'**ingorgo**, invece, interessa una zona più estesa del seno che risulta ingrossata, dolente e dura al tatto. Non è sempre così, ma spesso l'ingorgo potrebbe essere conseguenza di un dotto ostruito non liberato per tempo.

Il latte che non riesce a fluire a causa dell'ostruzione resta all'interno del seno senza liberarlo e provoca un'infiammazione dei tessuti circostanti.

L'ingorgo prevede una congestione dei tessuti che, ingrossandosi, comprimono i dotti rendendo complessa la fuoriuscita del latte. Il latte che rimane all'interno del seno e non viene svuotato provoca ulteriore infiammazione. Il gonfiore che si sente al tatto in presenza di un ingorgo non è infatti causato esclusivamente dal latte non fluito ma anche da liquido prodotto dall'infiammazione. In questo caso è importante massaggiare la zona spingendo l'edema "verso l'alto", verso i nodi linfatici, ossia dalla parte opposta al capezzolo. A seguire è importante attaccare il bambino per consentire lo svuotamento del seno. Solo durante la poppata è quindi possibile massaggiare dall'interno verso il capezzolo, per aiutare il latte a fluire.

A volte può succedere che se il seno è duro e teso il capezzolo si appiattisce rendendo complesso l'attacco. In questo caso è utile spremere un po' di latte prima della poppata, allentando la tensione. Un seno meno teso permette al bambino di attaccarsi meglio e in profondità. Il latte spremuto può sempre essere raccolto e congelato per fare piccole scorte per il futuro.

Nel caso in cui, oltre al gonfiore, fossero presenti febbre, rossore sulla zona dolorante sintomi influenzali come spossatezza, stanchezza, dolore alle ossa, significa che l'infiammazione ha raggiunto il livello di **mastite** ed è indispensabile consultare il medico che potrebbe prescrivere anche un antibiotico, ovviamente sempre compatibile con l'allattamento. La mastite è una delle principali cause di interruzione dell'allattamento (seconda solo alla convinzione della mamma di non avere abbastanza latte). In caso di mastite, la probabilità che la mamma decida di interrompere l'allattamento aumenta addirittura di 15 volte rispetto a una situazione normale. È importante sapere che la mastite è una condizione che si verifica principalmente entro le prime 12 settimane (circa il 90% delle mastiti) con un picco tra la seconda e la terza settimana dopo il parto, in piena fase di calibrazione della produzione.
Per essere curata la mastite richiede spesso l'assunzione di antibiotico. Anche questa profilassi non prevede in nessun modo la sospensione dell'allattamento. L'antibiotico che il medico andrà a prescrivere dovrà essere compatibile con l'allattamento. La suzione è parte fondamentale della terapia: non solo è quindi sconsigliato sospendere l'allattamento ma è addirittura negativo. Con l'assunzione dell'antibiotico la febbre e i sintomi dovrebbero iniziare a regredire già entro 24 ore.

In tutti e 3 i casi, dotto ostruito, ingorgo e mastite, gli accorgimenti da adottare sono tendenzialmente gli stessi. Il primo fra tutti è **non sospendere o ridurre l'allattamento** proprio perché il seno ha la necessità di essere drenato il più possibile. Sospendere l'allattamento non farebbe altro che peggiorare la situazione di ingorgo e infiammazione. In presenza di queste condizioni, anzi, poppate molto frequenti sono indispensabili. È opportuno attaccare il bambino sempre prima dalla parte del seno dolente, con il mento rivolto verso il punto indolenzito.
Non bisogna cadere nell'errore di attaccare il bambino sempre e solo da una parte, sia per non sollecitare una produzione eccessiva da un seno, sia per non aumentare il rischio di ingorgo nel seno che non viene drenato.

Bisogna mantenere la corretta alternanza tra i seni dando però precedenza, in caso di ostruzione o ingorgo, al seno dolorante fino al momento in cui la tensione si è allentata. A questo punto si può proseguire la poppata dal seno da cui si sarebbe allattato secondo l'alternanza dei seni.

Chiaramente, in questi casi, il riconoscimento dei primi sintomi e la tempestività nel curarli sono fondamentali per evitare che la situazione possa arrivare allo stadio di mastite.

Quali sono quindi le **azioni corrette per risolvere un dotto ostruito, un ingorgo o una mastite**?

- applicare **impacchi freddi** (per circa 20 minuti) sulla zona dolorante per ridurre il gonfiore e l'infiammazione (possono essere utilizzate borse del ghiaccio, asciugamani bagnati di acqua fredda, sacchetti o scatole prese dal congelatore ecc. – alcune mamme, soprattutto in caso di mastite, hanno trovato giovamento utilizzando le foglie di verza fredde prese dal frigorifero – da tenere per almeno 2 ore – o facendo impacchi con la ricotta, direttamente sulla parte dolorante). Agli impacchi freddi possono essere alternati **impacchi tiepidi o caldi** per pochi minuti (massimo 5).
  Gli impacchi caldi sono molto utili appena prima o proprio durante la poppata perché aiutano a rilassare i tessuti e a dilatare i dotti, così che la suzione del bambino possa essere più efficace e possa liberare meglio i dotti. Molte mamme testimoniano che il getto caldo della doccia direttamente sul seno dolorante, accompagnato da una spremitura manuale durante la doccia favoriscono lo svuotamento;
- **riposare**: il riposo è senza dubbio uno degli alleati più importanti per l'allattamento. Rilassarsi e dormire appena possibile è assolutamente necessario. Bisogna lasciar perdere le faccende domestiche (è importante chiedere supporto esterno per rimettere in sesto la casa, stendere e ritirare qualche lavatrice e magari cucinare qualche piatto da poter congelare);
- **mantenere il seno libero**: allattare spesso il bambino per svuotare costantemente il seno, in modo che la parte infiammata sia il più possibile libera. Se il bambino richiede il seno troppo di rado rispetto alle esigenze di svuotamento che la mamma avverte è consigliato

svuotare il seno con spremiture manuali. È possibile eventualmente ricorrere anche all'utilizzo del tiralatte ma da usare con cautela per evitare di stimolare un aumento ulteriore della produzione in un seno già ingorgato. La priorità in questi casi è alleggerire la tensione che la mamma avverte e liberare il seno. La calibrazione proseguirà poi nei giorni successivi e riporterà i livelli di produzione in equilibrio;

- **massaggiare il seno**, durante la poppata, proprio sulla parte dolorante, facendo una pressione dal punto in cui è localizzato l'ingorgo verso il capezzolo, in modo da aiutare il latte a fluire;
- **ammorbidire l'areola** prima della poppata, affinché il bambino possa attaccarsi correttamente ed efficacemente. È necessario esercitare una pressione costante con i polpastrelli delle dita posti a raggiera intorno al capezzolo (metodo della "**pressione inversa**"), tenendo premuto per almeno 2 minuti e riposizionando le dita eventualmente per altri due minuti. Se il gonfiore è molto pronunciato è possibile effettuare la stessa pressione ma stando sdraiata sulla schiena.

Questo metodo è molto utile da ripetere appena prima della poppata. In caso di seno molto teso che tende ad "appiattire" il capezzolo è opportuno procedere prima a una leggera spremitura manuale eliminando un po' di latte e allentando la pressione. In questo modo l'attacco del bambino sarà più agevole;

- controllare che l'**attacco del bambino** al seno sia corretto, che il bambino prenda bene non solo la punta del capezzolo ma una buona parte dell'areola. È anche necessario che la suzione sia efficace, che il bambino succhi con forza e vigore per poter liberare i dotti ostruiti. Se così non è, è possibile provare ad attaccare il bambino al seno in posizioni diverse da quella usata solitamente (vedi capitolo "posizioni"). Un aiuto per comprendere in che modo il bambino debba tenere la bocca per afferrare bene il capezzolo è simulare con la propria bocca la posizione di quando si pronuncia una "A" in contrasto a quando si pronuncia una "O".

Posizioni molto utili per svuotare un seno ingorgato sono:

– la **posizione a "palla da rugby"** con il corpo del bambino lungo il fianco del seno a cui lo si attacca (soprattutto nel caso di dolore sotto l'ascella. Tenendo il bambino quasi sempre nella posizione a culla i dotti sotto l'ascella sono gli ultimi ad essere svuotati e lo saranno

sempre con minor vigore. Posizionando il bambino con il mento rivolto proprio verso l'ascella, l'ingorgo che si trova in quel punto verrà svuotato con maggiore efficacia. L'ideale sarebbe aiutarsi anche con un leggero massaggio con i polpastrelli che eseguano un movimento dall'ascella a capezzolo, per favorire il drenaggio);
– la **posizione "della lupa"**, con il bambino appoggiato a pancia in su sul letto e la mamma che lo allatta facendogli arrivare il seno dall'alto. Questa posizione permette uno svuotamento quasi completo del seno: la forza di gravità aiuta a rendere la suzione del bambino più efficace e a far defluire il latte dal punto dolente al capezzolo.
In linea generale, in caso di ingorgo, bisognerebbe individuare una posizione che metta il bambino in modo tale che la sua mascella (il suo mento) si trovi dalla parte dove di trova l'ingorgo. In questo modo i primi dotti svuotati saranno proprio quelli verso la parte dove si trova il suo mento (quelli ingorgati). Il movimento stesso del mento, durante la suzione, farà una sorta di massaggio che aiuterà il latte a defluire, spingendolo verso il capezzolo;

- evitare di indossare qualsiasi cosa possa stringere o fare pressione sul seno. Il seno, almeno durante le prime fasi di allattamento, deve essere lasciato il più libero possibile, senza **costrizioni** che potrebbero ridurre la portata di un dotto creando un'ostruzione o un ingorgo.
Anche per evitare la formazione delle ragadi la soluzione migliore è senza dubbio lasciare il seno libero (non importa se il latte scende sporcando vestiti e pavimento. Nel giro di poche settimane la produzione si assesterà e anche questo disagio scomparirà o diventerà più gestibile).

Un brevissimo cenno merita anche un'altra patologia che può verificarsi in allattamento: la **candida**.
I sintomi della candida sono capezzoli molto doloranti (in assenza di ragadi o altre irritazioni) accompagnati dalla sensazione di "stilettate", ossia forti fitte al seno. Seppur molto fastidiosa, anche questa patologia è facilmente curabile e l'allattamento può proseguire senza interruzioni. Anche se la diagnosi di candida non è sempre semplice, è importante riferire i propri sintomi al medico o a una consulente allattamento certificata. A volte la candida è accompagnata da un alone bianco all'interno della bocca del bambino, il

cosiddetto "mughetto", una patina che copre lingua e palato. Se il dolore al seno compare insieme a questa patina nella bocca del bambino la diagnosi è più semplice. Ma non sempre la candida è accompagnata dal mughetto: in questo caso la diagnosi può essere meno immediata perché non ci sono segni evidenti a occhio nudo. Potrebbe anche presentarsi la situazione opposta in cui è presente il mughetto nella bocca del bambino senza che la mamma abbia i sintomi della candida.
La causa della candida è nella maggior parte dei casi un ambiente umido in cui il fungo può proliferare. Per questo motivo sono fortemente sconsigliate coppette sul seno (come le coppette d'argento) o indumenti che impediscano la traspirazione. È importante tenere la zona ben areata, soprattutto in caso di ragadi o irritazioni che potrebbero facilmente infettarsi.
Anche una precedente cura antibiotica potrebbe determinare l'insorgere della candida così come una dieta eccessivamente ricca di zuccheri.
In ogni caso, se il professionista diagnostica una candida, è importante trattare sia il seno della mamma, sia la bocca del bambino in quanto, trattandosi di un fungo, è reciprocamente trasmissibile ed è necessario curare le due parti a contatto per fermare il propagarsi della patologia.
Oltre alla cura prescritta dal medico, alcuni accorgimenti possono favorire il recedere dell'infezione: limitare l'assunzione di zuccheri, assumere fermenti lattici, aumentare i momenti di riposo e relax abbandonando eventuali altre attività o incombenze, lavarsi spesso le mani e sterilizzare tutto quello che può entrare a contatto col seno (reggiseni, magliette, coppette assorbilatte di stoffa) o con la bocca del bambino (ciuccio, giocattoli, tettarelle).

In presenza delle condizioni appena trattate è fondamentale chiedere il supporto di una consulente allattamento professionale (IBCLC) che possa intervenire prontamente sulle cause che determinano una particolare condizione e aiutare la mamma a risolverla definitivamente.

L

LATTE

Il latte materno è un **alimento specie specifico**. Questo significa non solo che si tratta del miglior alimento per ogni neonato umano ma è anche perfetto e pensato per ogni singolo bambino (diverso dagli altri bambini della stessa specie).
Tant'è vero che il latte prodotto dalla mamma di un bambino prematuro è differente dal latte prodotto da una mamma che ha partorito a termine, proprio perché le esigenze dei due bambini sono differenti.
Inoltre, il latte materno è differente ad ogni poppata, a seconda del periodo di allattamento in cui ci si trova e anche a seconda del momento della giornata in cui viene richiesto. Perfino all'interno della stessa poppata il latte non è sempre uguale: il primo latte è più liquido e leggero e tende a soddisfare le esigenze di idratazione. Il secondo latte, invece, che arriva circa 10 minuti dopo l'inizio della poppata è più grasso e sostanzioso ed è il latte più nutriente e che determina il maggior aumento del peso. Per questo motivo, poppate troppo brevi (meno di 10 minuti dallo stesso seno), almeno nelle prime settimane rischiano di essere poco efficaci perché il bambino assume solo il primo latte e non riesce ad arrivare ad assumere il secondo latte. Anche se gli studi più recenti smentiscono una distinzione così netta tra primo e secondo latte, resta comunque vero che il latte di inizio poppata è tendenzialmente meno ricco di grassi rispetto al latte che arriva dopo qualche minuto di suzione.
Infine, anche il sapore del latte materno subisce leggere modifiche a seconda di quello che mangia la mamma e questo è un'ottima preparazione al gusto in vista dello svezzamento. Il bambino si abitua a ricevere sapori sempre differenti, cosa che non può accadere con il latte in formula.

Ma **com'è composto il latte materno?**

Come abbiamo detto, il latte materno si modifica con il procedere dell'allattamento e segue le esigenze del bambino e della sua fase di sviluppo.

Il primo latte che il bambino ha a disposizione appena nato è il **colostro**. Si tratta di un liquido giallo ambrato che per molti anni è stato considerato dannoso, tanto che non veniva somministrato ai neonati.

Il colostro invece è fondamentale per il neonato e la mamma viene sensibilizzata ad allattare almeno i primi giorni proprio per regalare al proprio bambino questo nettare prezioso per il suo sviluppo e per una protezione per i primi giorni di vita.

Il colostro dura indicativamente per 5 giorni, finché non arriva quella che comunemente viene indicata come "montata". Tra i 5/7 giorni (ma può succedere anche prima o addirittura dopo 10 giorni) il colostro si trasforma in latte di transizione e modifica la sua composizione.

La produzione di colostro nei primi giorni di vita sarà di circa 40 o 50 ml ogni 24 ore (il primo giorno anche meno): non c'è da preoccuparsi, è la quantità necessaria al bambino. Lo stomaco di un neonato è grande quanto una biglia (ha una capacità di 6 ml il primo giorno, di 25 ml il terzo giorno 50 ml il settimo giorno) e si riempie con poco e le quantità di colostro prodotte dalla mamma sono senz'altro sufficienti per le necessità del proprio bambino.

Il colostro è anche molto facile da digerire e la sua qualità ne compensa le quantità ridotte.

Il colostro è composto dagli stessi ingredienti presenti nel latte maturo, ma la loro quantità è diversa e adeguata alle esigenze del neonato che, nel primo periodo, sono più immunitarie che nutritive. Tant'è vero che il colostro viene paragonato ad un vaccino proprio per le sue proprietà protettive contro numerose infezioni, soprattutto riguardanti l'apparato gastro-intestinale. Le pareti intestinali dei neonati sono permeabili e il colostro fa in modo di ricoprirle e sigillarle. Questo è ancora più importante in presenza di bambini prematuri, che sono maggiormente soggetti a patologie e infezioni riguardanti proprio l'apparato digerente.

Inoltre, il colostro è ricco di vitamine, molto più di quanto lo sarà il latte maturo. In particolare, è carico di vitamine A, E e K fondamentali per i primi giorni di sviluppo.

Elemento importante è che il colostro svolge una fondamentale funzione lassativa che aiuta il bambino a espellere il meconio in maniera più rapida e completa.

Intorno ai 7/10 giorni, il colostro si trasforma in **latte di transizione**. Si può osservare questo cambiamento spremendone qualche goccina dal seno: dal colore giallo ambrato del colostro, si passa ad un colore bianco opalescente (più trasparente e leggero rispetto al latte vaccino che siamo abitualmente solite vedere).
Il latte di transizione è molto più diluito del colostro, aumenta il quantitativo di acqua che lo compone e aumentano i quantitativi di grassi che determinano la crescente funzione nutritiva del latte (mentre nel colostro prevale la funzione di protezione immunitaria). Il latte di transizione è solitamente accompagnato da quella che viene denominata "montata lattea": il seno diventa più gonfio e teso e la quantità di latte prodotta dal seno aumenta. In questa fase è fondamentale la frequenza delle poppate e la durata delle stesse. È necessario che la mamma non ponga né limiti di durata né di distanza tra le poppate perché il seno deve imparare a conoscere la richiesta del bambino e adeguare la sua produzione allo scopo di soddisfare questa richiesta. Ci si trova nel "periodo di calibrazione", un periodo molto intenso per la mamma, che attraversa una fase di dedizione completa rispetto alle richieste del bambino. A volte queste richieste sono davvero molto insistenti e la mamma ha la sensazione di non avere più un momento di libertà.

Dopo circa 4 settimane dal parto, il latte di transizione si trasforma in **latte maturo**. Si tratta di un latte ricco di proteine, zuccheri, vitamine e minerali e di numerosi componenti bioattivi, quali ormoni, fattori di crescita, enzimi e cellule vive, che favoriscono la crescita e lo sviluppo in salute del bambino. Da questo momento in poi il contenuto nutrizionale e il livello di ingredienti del latte maturo rimarranno sostanzialmente costanti, ma la composizione varierà comunque di giorno in giorno e di poppata in poppata. Almeno fino ai 6 mesi il latte si manterrà costante nella quantità e nella composizione. Dopo i 6 mesi, con l'inizio dello svezzamento, gradualmente il latte comincerà a diminuire come quantità e anche la composizione varierà nuovamente, avvicinandosi a quella che era la composizione del colostro. Questo perché, con l'inizio dello svezzamento, le esigenze nutrizionali verranno man mano soddisfatte dall'introduzione dei cibi solidi. Tornerà quindi ad essere prevalente la funzione di protezione immunitaria, com'è stato all'inizio dell'allattamento. Se, ad esempio, la mamma si ammala, il suo corpo produce anticorpi per combattere quella particolare malattia e li trasmette al bambino attraverso il latte. Sorprendentemente, in coincidenza con il maggiore interesse del bambino per il mondo e con il momento in cui inizia a mettere i giocattoli in bocca, il livello di enzimi protettivi che combattono i batteri e che sono contenuti nel latte materno aumenta per proteggerlo dalle infezioni. Questa variazione nella composizione del latte materno dimostra la sua capacità di adattamento alle diverse esigenze del bambino.

Per questo motivo è assolutamente errata la convinzione che dopo lo svezzamento o dopo l'anno d'età il latte della mamma sia "acqua". Un fondo di verità esiste perché, se la consideriamo tecnicamente, la composizione del latte, a qualsiasi stadio dell'allattamento è per la maggior parte proprio acqua. Questo consente al bambino di dissetarsi con il latte materno, senza la necessità di introdurre liquidi differenti. Ma se si intende "acqua" in accezione negativa, l'idea è completamente fuorviante: il latte della mamma, anche in caso di allattamento prolungato (2 anni e oltre) sarà sempre una fonte ricchissima di vitamine, sali minerali e fattori fondamentali per il sistema immunitario del bambino. Nessun alimento potrà mai essere considerato un sostituto identico del latte materno, proprio per la sua composizione e per la sua capacità di adattarsi alle esigenze del bambino che cambiano crescendo.

Questa analisi approfondita del latte materno e delle sue qualità non deve in nessun modo lasciar intendere una demonizzazione del latte artificiale. Il latte artificiale è frutto di studi e ricerche approfondite che negli anni hanno cercato di renderlo il più possibile simile al latte materno e alle sue caratteristiche. È indispensabile sottolineare che il latte di partenza per la creazione del latte in formula è il latte vaccino, per cui le caratteristiche di partenza sono quelle presenti nel latte di mucca e che sono stabilite, dalla natura, per i vitelli e non per i bambini.
Per questo motivo, il latte in formula, per essere reso adatto al bambino viene sottoposto a numerose lavorazioni per eliminare il più possibile alcuni eccessi e, per quanto si avvicinerà sempre di più al latte materno, non potrà mai eguagliarlo.

Per quanto riguarda il latte in formula, gli ingredienti variano a seconda della marca e del paese; ad ogni modo, di solito il latte in polvere per neonati è composto da latte vaccino scremato lavorato con emulsionanti e stabilizzanti

aggiunti per aiutare gli oli e l'acqua a mescolarsi quando viene preparato. Può anche contenere:
- lattosio (uno zucchero naturale presente nel latte) e/o altri zuccheri come sciroppo di mais, fruttosio o maltodestrina;
- oli vegetali, come l'olio di palma, colza, cocco, girasole e soia;
- acidi grassi, solitamente derivati dall'olio di pesce;
- vitamine e minerali di origine vegetale e animale;
- alcuni enzimi e aminoacidi;
- probiotici (in alcuni tipi di latte in polvere)

Inoltre, rispetto al latte materno, il latte in formula:
- ha sempre lo stesso sapore e non offre al bambino la possibilità di abituarsi a gusti differenti, come invece accade con il latte materno che prende il sapore dei cibi mangiati dalla mamma e prepara gradualmente il bambino allo svezzamento;
- ha sempre la stessa composizione e non segue le esigenze del bambino né nell'arco della giornata, né nello sviluppo giorno dopo giorno;
- non contiene la stessa quantità e la stessa qualità di agenti protettivi: ad esempio se la mamma si ammala, nel latte materno passano gli anticorpi che proteggono il bambino dalla stessa malattia della mamma;
- richiede una preparazione maggiore (non è sempre pronto all'uso come invece il latte materno).

I vantaggi del latte artificiale:
- è solitamente più comodo da gestire nel senso che preparazione e somministrazione possono essere delegate (anche se tirandosi il latte con un tiralatte e congelandolo si riesce a coordinare questo aspetto anche con il latte materno);
- dà al bambino una maggior sensazione di sazietà, per questo motivo il bambino regolarizzerà le poppate più velocemente e allungherà la distanza tra una poppata e l'altra già dopo poche settimane di vita. Per lo stesso motivo, molte volte, i bambini che prendono il biberon dormono di più la notte. Questo però ha una spiegazione importante che non può essere sottovalutata: pur essendo trattato in modo tale

da assomigliare il più possibile al latte materno, il latte artificiale ha una composizione che lo rende meno digeribile per lo stomaco di un neonato rispetto al latte materno. Questa difficoltà di digestione comporta che il bambino si senta "ingolfato" più a lungo e non chieda altro latte fino a che questa sensazione non si è conclusa.

Un bambino che assume latte materno non soffrirà quasi mai di stitichezza. Dopo le prime settimane, il bambino allattato al seno può rimanere anche 10 giorni senza fare la cacca ma quando la farà questa sarà morbida, indice che non si è instaurato nessun problema di stitichezza. Con il latte artificiale, invece, un bambino deve evacuare almeno ogni 2/3 giorni e il rischio di stitichezza è maggiore. Questo comporta cambiamenti nella marca del latte che non garantiscono di trovare quella adatta e, purtroppo, il ricorso allo svezzamento anticipato, consigliando l'introduzione della frutta già a 4 mesi, consiglio che le ultime ricerche hanno confermato essere completamente errato (per approfondimenti sullo svezzamento si consiglia il libro della stessa collana "Dire Fare Svezzare – Autosvezzamento dalla A alla Z).

Un altro elemento importante è che con il latte materno la mamma non è condizionata dalle quantità assunte dal bambino e si fida della sua capacità di autoregolarsi. Con il latte artificiale, essendo indicate delle quantità specifiche da parte del pediatra, una mamma tende a fare in modo che il bambino termini tutta la quantità prevista, senza rispettare la reale necessità e richiesta del bambino. L'allattamento a richiesta ha degli impatti fortemente positivi sulla capacità di autoregolarsi del bambino anche in epoche successive riducendo notevolmente il rischio di obesità e di disturbi legati al cibo.

Vediamo ora la composizione del latte materno rispetto al latte vaccino (dati espressi per 100 grammi di latte):

	Proteine (g)	Lipidi (g)	Zuccheri (g)	Sodio (meq)
Colostro	2.7	2.0	5.0	2.1
Latte di transizione	1.6	2.8	6.5	0.6
Latte maturo	1.1	3.2	7.0	0.7
Latte vaccino	3.2	3.7	4.8	2.2

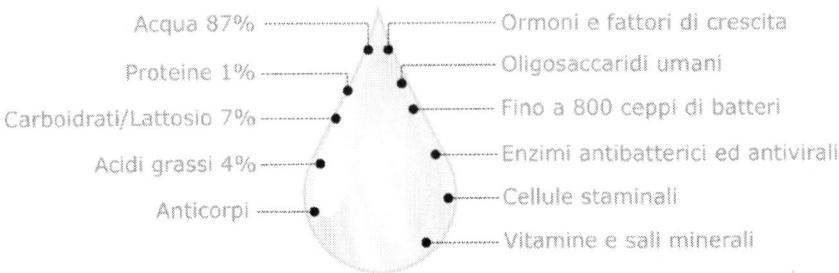

Quanto latte deve prendere un bambino?

Se si tratta di latte artificiale, le dosi indicative medie sono quelle che vengono assegnate dal pediatra. È importante ricordare che possono esserci differenze importanti tra neonati della stessa età a seconda della personale situazione, della crescita e di eventuali patologie che solo il pediatra può identificare e valutare. Solitamente, le tabelle per bambini che assumono il latte artificiale prevedono le seguenti quantità:

Età	Grammi di latte per poppata	Numero pasti al giorno
15 giorni	80-90 g	6
20 giorni	90-100 g	6
1 mese	110-120 g	6
45 giorni	120-130 g	6
2 mesi	150-160 g	6
3 mesi	160-180 g	5
4–5 mesi	180-210 g	4–5

Sulla base di quanto previsto per il latte artificiale, ad un mese di vita il neonato dovrebbe fare circa 6 pasti al giorno, prendendo circa 110/120 ml a poppata. Ad un mese dalla nascita una mamma che allatta esclusivamente al seno produce circa 650/700 ml di latte al giorno. A 2 mesi un neonato deve fare 5 pasti al giorno, prendendo circa 150/160 ml di latte a poppata. La mamma a due mesi dal parto produce circa 750 ml di latte al giorno. A 3 mesi il neonato deve fare 5 pasti al giorno, prendendo circa 160/180 ml a poppata. La donna che allatta al seno dopo 3 mesi dal parto produce circa 800 ml di latte al giorno. Tra i 4 ed i 5 mesi il neonato deve fare 4 pasti al giorno, prendendo circa 180/210 ml di latte a poppata. La mamma produce tra i 700 e gli 800 ml di latte al giorno. Tra i 6 e gli 8 mesi il neonato dovrebbe assumere ogni giorno circa 485 calorie dal latte (che corrispondono a circa 700 ml di latte) e 200 calorie dagli alimenti complementari.

È importante sottolineare che si tratta di quantità indicative e non devono in alcun modo destare preoccupazione se non vengono rispettate nel dettaglio, né nel quantitativo di latte assunto, né nella quantità/frequenza delle poppate. In particolar modo se si tratta di allattamento al seno la cui linea guida deve semplicemente essere quella di attaccare il bambino tutte le volte che lo richiede senza farsi ulteriori domande ed evitando assolutamente la doppia pesata per verificare se ha poppato abbastanza. Come abbiamo detto, infatti, la composizione del latte varia da poppata a poppata nell'arco della giornata e non sempre il bambino fa poppate sufficientemente lunghe da arrivare al secondo latte. A volte ha solo sete e si ferma al primo latte, un latte più leggero e meno sostanzioso che non produrrà nessun aumento di peso.

Il peso del bambino va controllato non più di una volta alla settimana (salve problematiche riscontrate dal personale sanitario), preferibilmente dal pediatra che non si fermerà ad una valutazione specifica ma controllerà la crescita complessiva. L'unica indicazione per una mamma che allatta riguardo la quantità di latte che assume il bambino è il conteggio di almeno 5/6 pannolini usa e getta al giorno bagnati di pipì (per sapere "quanto bagnati" basta fare una prova e versare 3/4 cucchiai d'acqua in un pannolino: il bambino dovrebbe bagnare 5/6 pannolini così).
La doppia pesata, utilizzata in passato per verificare l'aumento di peso del bambino dopo ogni poppata, si è rivelata essere assolutamente controproducente oltre che inutile.
Come abbiamo detto ogni poppata nell'arco delle 24 ore è differente e risponde ad esigenze diverse. Un neonato che desidera attaccarsi al seno per bere o per tranquillizzarsi non assumerà mai una quantità di latte tale che lo farà aumentare del peso che ci si aspetta. Un neonato è perfettamente capace di fare delle "suzioni non nutritive" dove succhia senza estrarre latte, se quello

che desidera è solo poppare (e non mangiare). Una pesata prima e dopo una poppata del genere farà certamente sentenziare in maniera troppo superficiale che la mamma non ha latte o che il bambino non ne prenda a sufficienza.

A 6 mesi (non prima a meno che non ci siano patologie riscontrate dal pediatra) è importante iniziare lo svezzamento attraverso l'introduzione di cibi solidi perché da questa fase in poi, lo sviluppo del bambino, delle sue capacità motorie e del suo organismo in generale richiedono l'integrazione di alcuni elementi (quali proteine, ferro, zinco e vitamine) che il solo latte materno non contiene più nelle quantità necessarie per accompagnare questa e le successive fasi di sviluppo.
Quindi, in sostanza, con lo svezzamento le poppate inizialmente continueranno con la cadenza abituale, ma inevitabilmente quelle vicino al pranzo e alla cena diventeranno sempre meno consistenti fino a scomparire. Si potrebbe cercare di mantenere il più a lungo possibile la poppata del mattino, quella della merenda e quella della sera, come coccola prima della nanna. Questo per garantire al bambino un continuo apporto di tutti i benefici che il latte materno contiene.
L'organizzazione Mondiale della Sanità consiglia:

- allattamento esclusivo fino ai 6 mesi d'età;
- fino ai 12 mesi il latte (materno preferibilmente ma anche in formula) deve rimanere l'alimento prevalente della dieta di un bambino (ciò significa che se un bambino dovesse assumere più latte che cibi solidi andrebbe benissimo (senza quindi allarmarsi quando si affrontano svezzamenti complessi);
- l'allattamento al seno è fortemente consigliato fino ai 2 anni e oltre se mamma e bambino lo desiderano.

Su questo ultimo punto ogni mamma e ogni diade dovrà valutare la propria specifica situazione e seguire il proprio desiderio e il proprio istinto, senza lasciarsi influenzare da opinioni, giudizi o critiche di qualsiasi genere. L'allattamento al seno rappresenterà sempre un vantaggio per il proprio bambino.

M

MAMMA E PAPÀ

Quando si diventa genitori gli equilibri della coppia subiscono una rivoluzione.

Anche se spesso si sentono commenti come "con i figli faccio tutto quello che facevo prima, basta organizzarsi" non bisogna mai cadere nell'errore di crederci fino in fondo.
Un neonato impone i propri ritmi, richiede attenzioni costanti, prende improvvisamente il sopravvento su qualsiasi altra cosa. E questo è assolutamente naturale. Non si tratta quasi mai di disorganizzazione. Anche perché un neonato non è un robottino programmabile e saranno moltissime le occasioni in cui si era pianificato di fare qualcosa e i piani salteranno.
Esistono bambini davvero molto regolari fin dalle prime settimane di vita, ma sono la minoranza. Per questo motivo è importante non accusare mai i genitori di "scarsa capacità organizzativa" perché ogni bambino è a sé e non si potranno mai conoscere le dinamiche della nuova famiglia semplicemente osservandola dall'esterno.

Ogni volta che nasce un bambino, nascono una nuova mamma e un nuovo papà.

È fisiologicamente necessario spiegare che la mamma, già durante i 9 mesi di gravidanza e ancora di più con il parto, ha in circolo molti ormoni che la aiutano, anche inconsciamente, a vestire più velocemente il nuovo ruolo. Per il papà il passaggio è molto più graduale. Non significa assolutamente che il papà ami meno il bambino o si senta meno felice o meno coinvolto. Significa però che, soprattutto all'inizio, la mamma potrebbe avere la sensazione di essersi subito immersa nelle nuove responsabilità mentre il papà fatica ancora a leggere i segnali, a sapere cosa fare, a prendere delle decisioni che riguardano il bambino.

Il tema allattamento è uno dei discorsi più affrontati durante la gravidanza tra mamma e papà. Ognuno ha la propria idea e la propria posizione sull'argomento. Nella maggior parte dei casi, i papà sono favorevoli all'allattamento perché ne comprendono i benefici, ne vedono la comodità e ne percepiscono il risparmio economico. Le mamme sono più in difficoltà sulla posizione: vedono anche loro tutti gli aspetti positivi che notano i propri compagni, ma sentono anche addosso la piena responsabilità di quel gesto, la paura di non farcela, l'ansia del fallimento. Ad alcune donne l'idea di allattare dà fastidio, il pensiero di un bambino attaccato al seno non piace e anche la questione estetica delle conseguenze sul seno dopo l'allattamento mette in difficoltà.

Sono tutte motivazioni valide e che devono essere ponderate con la giusta consapevolezza all'interno della coppia.

Spesso le mamme sono molto più informate dei papà sulle possibili difficoltà legate all'allattamento ma per non essere giudicate "egoiste" si approcciano all'allattamento seppur con poca convinzione. Questo succede spesso perché l'argomento è molto delicato e non può essere liquidato semplicemente con "allattare fa bene". Nell'allattamento intervengono numerose componenti che una donna deve sentirsi libera di discutere con il proprio compagno fino a che non si riesce a convergere su una posizione comune.

Nel caso in cui la scelta ricada sull'allattamento è molto importante far comprendere al papà che dovrà essere presente e partecipe. Sicuramente non potrà farlo con gli stessi gesti dei papà che offrono il biberon al proprio bambino, ma non per questo potrà delegare totalmente l'allattamento alla mamma. E l'allattamento rappresenta solo una parte di tutto il mondo affettivo costruito intorno a un neonato. Il papà saprà trovare tante alternative valide per coccolare e stringere quel legame fondamentale con il proprio bambino.

Quando il papà è presente e d'aiuto alla mamma l'allattamento ne è favorito e la diade madre/figlio si sentirà sostenuta e tranquilla.

Come detto prima, nel caso di allattamento al seno, la sensazione del papà, ma ancor più la preoccupazione della mamma nei confronti del proprio compagno, è quella dell'"esclusione". Siccome il papà non partecipa direttamente al gesto dell'allattamento si rischia subito di focalizzare l'attenzione proprio su questa mancanza.

In realtà esistono tantissime azioni fondamentali che il papà può svolgere durante il momento dell'allattamento. Mentre la mamma sarà completamente concentrata sulla necessità di tranquillizzare il bambino, di sfamarlo e di gestire la poppata, il papà può occuparsi di numerose altre attività.

Può controllare che l'ambiente sia confortevole, che la mamma sia comoda e si sia ricordata il cuscino, il bavaglino del bimbo, l'asciugamano che di solito usa per asciugare il latte che sgorga dall'altro seno. Se si è ricordata l'acqua o se desidera il libro che sta leggendo o accendere la tv. Se preferirebbe spegnere la luce o, al contrario, aprire le finestre.

Oppure può iniziare a preparare tutto l'occorrente per il cambio del bambino se dovesse sporcarsi mentre allatta. Oppure preparare la cena, qualcosa di buono che sa piacere alla mamma. O preparare un bagno caldo se alla mamma fa piacere dedicarsi un po' a lei dopo la poppata. O sistemare la casa se vede del disordine.

Quando la poppata è finita può prendere il bambino e fargli fare il ruttino o cambiarlo se è ancora sveglio, oppure metterlo a nanna se si è addormentato. O prendersi del tempo per stare con lui a giocare insieme sul tappetone.

In generale potrà occuparsi di tutte le incombenze dei primi mesi di vita del bambino, le pratiche burocratiche della registrazione e del codice fiscale, la scelta del pediatra, la prenotazione delle visite, gli acquisti in farmacia.

Il rapporto a due avrà bisogno di nuovi equilibri. Le richieste del nuovo arrivato assorbiranno completamente la mamma. La stanchezza e lo sconforto la potrebbero lasciare spesso nervosa. Il papà deve comprendere questo nuovo stato emotivo e non prenderlo come un'esclusione o come un disinteresse nei suoi confronti. L'impegno di comprendere un nuovo bambino che non sa spiegarsi a parole e il cui pianto potrebbe spesso risultare incomprensibile richiede tantissime energie e potrebbe portare anche lo sconforto di non riuscire a capirlo. Che lo sia veramente oppure no, la mamma

avrà sempre la sensazione di sentirsi sola in questo percorso o, quanto meno, la più coinvolta e responsabilizzata. Inoltre, spesso il papà, dopo la nascita, rientra subito al lavoro e la mamma resta tutto il giorno sola ad accudire il bambino. È comprensibile che la sera sia esausta.
E anche l'intimità subirà una rivoluzione. Più la mamma si sentirà incoraggiata, sostenuta e ammirata dal proprio compagno più sarà facile ritornare all'intimità. Per la donna, dopo il parto, il rapporto intimo si sposterà dal piano fisico al piano emotivo. L'allattamento provoca spesso un "eccesso" di contatto e quando il bambino non è attaccato al seno la mamma tende a rifiutare ogni altro approccio, come a rimarcare i confini del proprio corpo e del proprio spazio.
Il papà dovrà dimostrarsi il più comprensibile possibile e "riconquistare" la propria compagna prima sul piano affettivo, facendola sentire bene, sgravandola dei compiti non essenziali, regalandole parole e gesti che la facciano sentire brava e adeguata. Dovrà dimostrare che non vede la donna stanca, disordinata, triste che lei incontra quando si guarda allo specchio. Lui continua a vedere una bellissima donna, che oggi è anche una meravigliosa mamma, la migliore che potesse scegliere per il proprio bambino.

La mamma ha bisogno di attenzioni e di delicatezza, come se fosse neonata anche lei. A volte proverà emozioni che non riuscirà a esprimere o che, al contrario, esploderanno in maniera eccessiva e incontrollata. Spesso la stanchezza sarà difficile da gestire. È fondamentale che il papà comprenda che mentre tutti pensano al bambino, anche la mamma ha bisogno di carezze, di baci, di abbracci, di parole di conforto, di sostegno.

Quello che una mamma cerca di più dal proprio compagno è una grande fiducia in quello che può fare come mamma, che può fare con l'allattamento, che può fare con le sue energie e le sue capacità. Deve sentirsi dire che è brava e che sta facendo del suo meglio. Il papà potrà quindi proteggerla dalle critiche di parenti e conoscenti e difenderla dai consigli non richiesti o dai giudizi che arrivano spesso pungenti e inaspettati.

Il papà potrà pensare anche a cose concrete, che la possano sgravare e che le possano lasciare del tempo per recuperare ore di riposo. Potrà occuparsi della cena, anche comprandola se non se la sente di cucinare. Potrà aiutarla a caricare e stendere le lavatrici (che con un neonato triplicheranno). Potrà pensare ai bambini più grandi senza far mancare loro affetto e attenzioni. Potrà lasciarla riposare un po', soprattutto di notte, dandole il cambio nelle serate più impegnative. L'ideale sarebbe uscire con il bambino a fare una passeggiata di almeno un'oretta, rimanendo nei paraggi per poter rientrare a casa in caso di fame. Restare a casa con il bambino, intrattenendolo, è sicuramente un buon aiuto ma l'istinto materno vedrà la mamma sempre con l'orecchio teso. È naturale. Per questo l'ideale sarebbe che il papà mettesse il bambino nella carrozzina o indossasse la fascia e uscisse a fare una passeggiata, anche al freddo (basta coprirlo). Solo così la mamma riuscirebbe a rilassarsi veramente.

È altrettanto importante che il papà si prenda del tempo per informarsi. Che non lasci l'onere di conoscere tutti gli aspetti riguardanti l'allattamento alla mamma. L'allattamento riguarda anche lui. Anche lui deve sapere come tranquillizzare la mamma, cosa dirle, quali sono le informazioni corrette. Nelle mamme spesso la stanchezza e il nervosismo prendono il sopravvento, oltre alla paura di non riuscire a sfamare il proprio bambino facendolo soffrire. Questo fa perdere lucidità. Anche il papà, quindi, deve sapere come funziona la produzione di latte, cosa rispondere al dubbio della propria compagna se il suo latte sia abbastanza, spiegare che dopo il primo mese le poppate si diradano, che se le va potrebbe provarci ancora una volta, chi chiamare in caso di ragadi o complicazioni.

Allo stesso tempo, anche le mamme devono dimostrare fiducia nei confronti del papà, senza rimproverarlo costantemente e accettando che lui possa fare e gestire le cose in maniera diversa. Anche se spesso le neomamme avranno la sensazione di aver bisogno di un'altra sé per affrontare la situazione e tutte le incombenze quotidiane, è fondamentale che questa idea lasci spazio alla possibilità per il papà di prendere delle decisioni e di sbagliare.

Quello che solitamente accade è che una mamma si senta addosso l'intera responsabilità della gestione del bambino. Questo non è solo un aspetto istintivo. I papà spesso lavorano tutto il giorno e le mamme si auto "giudicano" sul fatto di essere a casa e di non riuscire ad essere efficienti. Quindi di frequente non chiedono aiuto al papà perché lo ritengono stanco quando rientra la sera oppure desiderano lasciarlo dormire di notte perché la mattina dopo deve alzarsi presto per andare a lavorare.

Non è così che dev'essere. Il fatto di non uscire di casa per andare in ufficio non rende meno gravoso, impegnativo e stancante il lavoro di una mamma. Per questo anche lei ha diritto a riposarsi la sera e dormire qualche ora di notte, alternandosi proprio con il papà nella gestione del bambino.

I papà scontano frequentemente lo scotto di modelli di padri, ormai legati al passato, più distaccati e occupati in altre faccende. Con compiti nettamente distinti tra uomo e donna dentro le mura domestiche. Questo paradigma si sta lentamente spostando verso una suddivisione paritaria dei compiti, sia come quantità, sia come qualità delle attività svolte.
Resteranno sempre delle connotazioni istintive per cui alcune risposte verranno richieste più alla mamma e altre più al papà. L'importante è sapersi rendere disponibili, con la massima apertura e comprensione, a rinegoziare ruoli, compiti e responsabilità affinché sia la mamma sia il papà possano sentire la soddisfazione di partecipare attivamente al nuovo ruolo senza però essere annullati o sacrificati, mantenendo spazi di reciproca autonomia e affermazione. E per riuscirci è necessario alternarsi in tutti i compiti, dall'accudimento del bambino alla sistemazione della casa, dalla cucina agli adempimenti burocratici. Ogni abitudine consolidata prima dei figli, se non risponde più al nuovo contesto, deve poter essere ridiscussa e riassegnata in modo che si possa collaborare senza che qualcuno possa sentirsi sminuito.

N

NANNA

La nanna del neonato è molto importante. Non solo per il bambino ma anche per i genitori: mentre il bambino dorme, quindi, mamma e papà devono approfittarne per riposare. Con un neonato ogni giorno è a sé e ogni notte diversa dalla precedente. Per questo motivo, riposare appena il bambino si addormenta diventa fondamentale.

In particolare, per una mamma che allatta la stanchezza e lo stress spesso associato proprio alla mancanza di riposo rappresentano ostacoli per un allattamento positivo. Lo stress incide negativamente sui livelli di ossitocina. L'ossitocina è l'ormone che consente al latte di fluire facilmente attraverso i dotti fino al bambino. In realtà quindi, per essere precisi, lo stress non incide sulla vera e propria produzione quanto sul riflesso di emissione e quindi sull'efficacia con cui il latte prodotto arriva al bambino. Meno si riesce a svuotare il seno meno viene stimolata la produzione di nuovo latte.

Solitamente, la percezione è che i bambini allattati siano meno regolari rispetto ai bambini che prendono il biberon. Assecondare quindi i ritmi sonno-veglia del proprio bambino è un obiettivo importante per il buon riposo di ogni genitore.

Per approcciarsi positivamente e in maniera costruttiva a questo aspetto è importante conoscere come funziona il sonno di un bambino.
Fino a circa 3 anni i risvegli sono fisiologici. Ciò significa che sono la normalità. Questo è un retaggio ancestrale che porta i bambini piccoli a frequenti risvegli per diversi motivi che sono insiti nell'istinto primordiale, anche se oggi potrebbero sembrare paradossali.
Un bambino piccolo si sveglia per non lasciarsi morire di fame, per controllare che mamma e papà non l'abbiano abbandonato, per ricordare la sua presenza e chiedere che qualche adulto si prenda cura di lui, per controllare che non ci siano pericoli.

Dai 3 anni in avanti i risvegli cominciano gradualmente a diradarsi fino a raggiungere quello che sembra un sonno "regolare".
In realtà i risvegli continueranno ad esserci ma il bambino avrà acquisito sicurezza sul fatto che la situazione sia tranquilla, che i genitori siano comunque presenti, che non esista il rischio di morire di fame e che quindi possa tranquillamente tornare a dormire.

Quando si tratta di un neonato, i cicli di sonno sono di circa 45 minuti. Per questo risvegli molto frequenti sono la norma.
Il fatto che esistano bambini che dormono tutta la notte fin dai primi mesi non è la condizione più comune. È sicuramente la condizione desiderata e che ogni genitore si augura, ma è importante sapere che fisiologicamente quei bambini sono una netta minoranza.

Alla luce di queste riflessioni e di una maggiore consapevolezza sui meccanismi che regolano il sonno di un neonato è importante fare un piccolo approfondimento su alcuni metodi che consigliano di "lasciar piangere" il bambino perché si abitui a riaddormentarsi da solo.
Iniziamo col dire che l'esperienza di molte mamme insegna che alla lunga questo metodo funziona. I bambini che vengono lasciati piangere nel proprio lettino imparano presto a "dormire tutta la notte".
Ma cerchiamo di capire bene cosa succede.
Un bambino è fisiologicamente programmato per svegliarsi, per un istinto ancestrale alla sopravvivenza. Questo istinto comprende il richiamo dei genitori, le figure di riferimento per poterlo proteggere e rassicurare. I genitori decidono di ignorare questo richiamo con l'obiettivo di "insegnargli a dormire tutta la notte". Il bambino piano piano si rende conto che, nonostante i suoi sforzi, i genitori non accolgono la sua richiesta. Per questo motivo, smette di cercarli. Il bambino continuerà a svegliarsi perché il suo organismo è programmato dalla natura per farlo. Ma rinuncerà a chiamare i genitori perché ha capito che i suoi sforzi sono inutili e, in una situazione di "risparmio energetico" necessario alla crescita e allo sviluppo, taglierà quelle attività che gli fanno sprecare energia senza ottenere alcun risultato.
Sicuramente in questo modo il sonno dei genitori non sarà disturbato.
Ma cosa succede nel bambino?
Tralasciando gli aspetti medici che riguardano le ripercussioni di un pianto

eccessivamente prolungato sullo sviluppo cerebrale (su cui è possibile reperire studi e ricerche), subentrano almeno un paio di aspetti emotivi da tenere in considerazione.

Il primo aspetto riguarda la fiducia che si costruisce giorno dopo giorno. Se un bambino prova con l'unico mezzo che ha a disposizione (il pianto) a richiamare i suoi genitori (qualunque sia il motivo per cui sente di aver bisogno di loro) e i suoi genitori non rispondono alla richiesta, come potranno porsi le basi per un sano rapporto di fiducia? Come potrà il bambino sapere che i genitori ci saranno quando lui avrà bisogno di loro? L'insegnamento è quello di rinunciare a chiamarli perché tanto loro non risponderanno.

Il secondo aspetto riguarda i primi piccoli semini che si regalano al bambino per la sua autostima. Il bambino sente di aver bisogno dei suoi genitori. Sa che per chiamarli può solo piangere e lo fa. Ma il suo pianto non raggiunge l'obiettivo. Per lui questo è un fallimento. Voleva ottenere una cosa e non l'ha raggiunta, si è dovuto arrendere, ha dovuto rinunciare.

Chiaramente non si tratta di situazioni che abbiamo la certezza determineranno una condizione patologica nello sviluppo del bambino. È altrettanto importante però sapere che le esperienze vissute nei primissimi mesi, quando il bambino sta sperimentando il mondo e le sue possibilità per la prima volta, lasciano un segno profondo.

Raggiungere un sonno regolare è un obiettivo sacrosanto per ogni genitore. Questa regolarità deve essere però raggiunta attraverso un percorso graduale e con la consapevolezza di tutti gli aspetti che la riguardano. Nei primi mesi, se possibile, è molto più semplice ed efficace modificare i ritmi dei genitori piuttosto che modificare i ritmi del bambino. Per quanto sembrerà strano dormire dalle 5 di mattina a mezzogiorno, sarà l'unica possibilità per riuscire a ritagliarsi alcune ore di sonno senza interruzioni. Per questo, nei limiti del possibile, l'ideale sarebbe proprio seguire i ritmi del bambino, senza forzarli, rimandando qualsiasi altra faccenda (e chiedendo supporto nella gestione dei bambini più grandi che giustamente, se presenti, hanno i propri ritmi e le proprie routine).

È altrettanto importante prendere coscienza del fatto che dormire separati non è una condizione naturale. In natura nessun mammifero lascia che i cuccioli dormano lontano dalla mamma. È una questione di protezione e sicurezza. Ed è la stessa che spinge un bambino a cercare il contatto fisico con i propri genitori.

Anche nel mondo umano, dormire separati, è una situazione diffusa solo nel mondo occidentale industrializzato. Si tratta quindi di una costruzione sociale e culturale, basata soprattutto sull'idea di spingere i bambini ad una precoce autonomia e indipendenza. Anche in questo caso ci sono da chiarire almeno due aspetti. Innanzitutto l'autonomia e l'indipendenza sono obiettivi da raggiungere esclusivamente dopo aver rafforzato la sicurezza. Un bambino diventa autonomo solo quando è certo di essere appoggiato e supportato. Solo quando ha sperimentato gradualmente e in sicurezza una situazione, ha capito di potercela fare da solo, ha preso consapevolezza del proprio valore e delle proprie possibilità, si preparerà ad affrontarla da solo. I bambini che vengono "costretti" ad affrontare situazioni che li spaventano saranno sempre impauriti dalle novità perché non sono stati messi nelle condizioni di sperimentare gradualmente la propria capacità di riuscita.

In secondo luogo, a livello sociologico, i bambini e i ragazzi delle popolazioni dove la condivisione del sonno è la normalità e dove il contatto fisico con i genitori è molto accentuato (ad esempio in Africa dove i bambini vengono portati in fascia sulla schiena della mamma per lungo tempo) sono i più autonomi e indipendenti del mondo.

Inoltre, il progressivo abbandono dell'allattamento al seno ha portato a non percepire più così necessaria la condivisione del sonno. La maggior parte delle mamme che allattano, invece, anche se inizialmente contrarie a tenere il proprio bambino nel lettone, capiscono presto che si tratta della scelta che rende più semplice la gestione dell'allattamento notturno e dei risvegli.

Ma come favorire allora un sonno sereno per tutta la famiglia?

Per favorire il sonno con l'arrivo di un neonato si sono provate numerose soluzioni e nessuna può essere considerata quella corretta. Ogni famiglia dovrà sperimentare tutte le possibilità a disposizione e trovare quella che meglio si adatta alla propria situazione e alle proprie esigenze:

- **Co-sleeping.** La soluzione più consigliata è quella di tenere il bambino a dormire nella stessa stanza dei genitori, in una culla o lettino a parte, almeno fino ai 12 mesi di età (ma anche oltre). Questo permette a bambino e genitori di avere il proprio spazio, di riposare serenamente ma di essere comunque vicini. Al genitore che dorme vicino basterà allungare una mano per far sentire la sua presenza e il suo contatto. La vicinanza a mamma e papà aiuta il bambino a tranquillizzarsi. Inoltre, sentire il respiro di mamma e papà, sembrerebbe ridurre il rischio di SIDS: il bambino inconsciamente sente il ritmo del respiro dei suoi genitori e adegua il suo, senza dimenticarsi di respirare.

- **Bed sharing**. Altri scelgono di condividere il letto con il proprio bambino con le dovute precauzioni per un sonno sicuro. In particolare, durante il periodo di allattamento, dormire vicino al proprio bambino aiuta la mamma nella calibrazione del latte e nella risposta immediata ai bisogni del proprio bambino. Dormire vicini aiuterebbe a regolare i ritmi di sonno e veglia di mamma e bambino. Spesso succede infatti che finché la mamma dorme anche il bambino riposa serenamente e questo permette alla mamma di recuperare energie e riposarsi.

  Di notte, inoltre, allattare in dormiveglia quando il bambino lo richiede aiuta la mamma a non perdere troppe ore di riposo e di rispondere alla richiesta del bambino senza eccessiva fatica e stanchezza.

  Molti genitori temono di schiacciare e soffocare il proprio bambino. In realtà è stato dimostrato che esiste un istinto innato che impedisce ai genitori di "dimenticarsi" della presenza del bambino nello stesso letto (tranne in caso di assunzione di alcool e droghe).

Consigli per un sonno condiviso e sicuro

Pur ritenendo il dormire insieme al proprio bambino una pratica da favorire nel momento in cui può aiutare mamma e bambino a riposare serenamente, è bene ricordare quali sono le precauzioni da prendere perché il sonno condiviso sia sicuro:

- far dormire il bambino in posizione supina (a pancia in su) almeno fino a che non sarà lui a sapersi girare in autonomia (soprattutto da pancia in giù a pancia in su);
- far dormire il bambino nella propria culla o lettino ma nella stessa stanza dei genitori almeno fino ai 12 mesi;

- l'ambiente non deve mai essere eccessivamente caldo (max 20 gradi). Da evitare anche vestiti e coperte eccessivamente pesanti;
- il materasso deve essere della misura esatta della culla/lettino e piuttosto rigido. Meglio evitare di coricare il bambino su divani o poltrone (anche per il pericolo di cadute), con cuscini imbottiti o trapunte;
- il bambino deve essere sistemato con i piedi che toccano il fondo della culla o del lettino in modo che non possa scivolare sotto le coperte;
- l'utilizzo del cuscino non è necessario (nemmeno quelli sottili), salvi i casi in cui risulti utile per risolvere determinate patologie (indicate dal pediatra);
- evitare di tenere nel lettino o nella culla oggetti soffici quali peluche o paracolpi;
- non dormire con il bambino se si è fumatori;
- non dormire con il bambino se si è assunto alcool o se si è sotto l'effetto di sostanze stupefacenti (il sonno dei genitori diventerebbe troppo pesante per rendersi conto della presenza del bambino);
- colmare ogni varco o affossamento tra il materasso e il bordo del letto (riempiendolo con asciugamani o altre coperte arrotolate);
- inserire delle sponde laterali per evitare cadute (se il bambino dorme nel lettone o in letti senza sbarre);
- non mettere cuscini soffici intorno al bambino o coperte morbide (se il bambino dorme con i genitori nel lettone, meglio che il bambino venga posizionato sopra le coperte di mamma e papà con una sua copertina. In questo modo se mamma e papà alzano o spostano le proprie coperte non rischiano di coprire completamente il viso del bambino);
- l'uso del ciuccio durante il sonno potrebbe avere un effetto protettivo – da proporre dopo il primo mese di vita (per non interferire con l'inizio dell'allattamento al seno);
- l'allattamento al seno sembra ridurre il rischio di morte in culla: i bambini che si svegliano per poppare hanno meno probabilità di incorrere nella SIDS. La suzione aiuta a regolare la respirazione e a stabilizzare i battiti cardiaci. Il bisogno di poppare frequentemente, inoltre, mantiene il bambino in un sonno leggero più a lungo.

Riducendo i periodi di sonno profondo (quelli in cui si manifesta la SIDS) si riduce automaticamente anche il rischio che si manifesti.

Quando il bimbo cresce, l'ideale sarebbe tenerlo vicino al letto matrimoniale accostando un letto singolo o un materasso appoggiato sul pavimento in modo che ognuno possa dormire serenamente e avere i propri spazi senza rinunciare a colmare l'esigenza di vicinanza e rassicurazione del bambino.

Quando dormirà tutta la notte?

Impossibile saperlo. I fattori che influenzano il sonno di un bambino sono tantissimi.

Di sicuro, quello che si sa, è che fino ai 3 anni di età il bambino avrà sempre dei microrisvegli notturni. L'obiettivo dei genitori dovrà quindi essere quello di insegnargli come riaddormentarsi ogni volta che si sveglierà. Per questo è molto importante non avere aspettative irrealistiche, altrimenti si compiranno azioni per raggiungere un obiettivo non raggiungibile in quella fase o si avranno reazioni esagerate per quella che, anche se faticosa, rappresenta la normalità.

Chiaramente, a seconda della routine che si instaura durante i risvegli, il bambino tenderà a ricercare sempre quella per riaddormentarsi, perché gli dà sicurezza e perché è l'unica che conosce.
Se ogni volta che il bambino si sveglia viene allattato, lui chiederà di essere allattato; se gli viene offerta dell'acqua chiederà l'acqua; se lo si prende in braccio e lo si culla, il bambino chiederà di essere cullato; se quando si sveglia la mamma gli offre il ciuccio, ogni volta che si sveglierà cercherà il ciuccio.

Per questo è importante stabilire una routine sostenibile anche nella gestione dei risvegli notturni. Individuare delle azioni che non richiedano ai genitori troppe energie o di interrompere bruscamente il sonno.

Dormire tutta la notte non è un'esigenza esclusivamente dei genitori. Un bambino che riesce ad avere un sonno notturno tranquillo e prolungato sarà senz'altro un bambino più sereno durante la giornata.
Per questo motivo l'obiettivo è senza dubbio che il bambino impari a dormire

tutta la notte ma questo avverrà gradualmente e solo quando il bambino si sentirà pronto.

Non esiste "un'età giusta" in cui un bambino dovrebbe cominciare a dormire tutta la notte.

Molti indicano lo svezzamento, credendo che i risvegli notturni siano legati alla fame. In realtà un bambino di 3/4 mesi, a livello fisiologico, potrebbe già dormire 6/7 ore di fila, senza aver bisogno di mangiare, anche se allattato esclusivamente al seno. Ma questo succede in rarissimi casi. Anche perché i risvegli sono causati dalla fame in una percentuale ridotta. Quello che spesso viene fatto notare alle mamme che allattano e che desiderano smettere per ridurre i risvegli notturni è che **i bambini non si svegliano perché allattano bensì allattano perché si svegliano**. Questo significa che il risveglio ci sarebbe comunque, anche in assenza di allattamento. Semplicemente per loro la modalità per riaddormentarsi che gli è sempre stata proposta (e quella più efficace) è quella dell'allattamento al seno.

Se quindi una mamma che allatta è provata dai risvegli, innanzitutto è importante chiarire che potrebbe trattarsi di una fase passeggera (ad esempio uno scatto di crescita) e in secondo luogo si potrebbe ragionare insieme su metodi alternativi per riaddormentare il bambino che possano andare bene per entrambi (soprattutto in caso di bambini più grandi).

Molte mamme che smettono di allattare testimoniano che quella sia stata la soluzione per ridurre i risvegli notturni, fino ad azzerarli. In realtà il bambino continua a svegliarsi ma avendo capito di non poter più richiedere il seno ha trovato un nuovo meccanismo per riaddormentarsi.

Questo meccanismo, questa nuova abitudine è possibile introdurla gradualmente senza dover necessariamente sospendere l'allattamento. Portando piano piano un nuovo modo di riaddormentarsi che salvaguardi comunque l'allattamento in orari diurni, senza dover necessariamente procedere a una sospensione totale.

Tutte queste soluzioni possono avere un fondamento ma non prima dei 10/12 mesi d'età del bambino.

Nelle prime settimane di vita i bambini allattati di solito poppano dalle 8 alle 12 volte al giorno (ma anche di più), indicativamente ogni 2 o 3 ore. Spesso se hanno dormito molto durante il giorno richiedono poi più latte in serata o durante la notte. È importante non negare loro le poppate notturne, soprattutto nei primi mesi, perché sono fondamentali per la loro crescita e per la corretta calibrazione della produzione di latte.

Pian piano i bambini allungano gli intervalli di sonno notturno, ma avranno comunque bisogno di poppare anche di notte per diversi mesi. A volte succede invece il contrario, ossia che i risvegli aumentano e si avvicinano. A seconda del momento i genitori devono mantenere la lucidità e provare a capire la situazione: il bambino è ammalato o raffreddato? Il bambino ha mangiato poco durante il giorno? È avvenuto qualche cambiamento in famiglia (la mamma è rientrata al lavoro, l'inizio del nido, un trasloco ecc.)? La mamma è particolarmente stanca e nervosa? Si tratta di uno scatto di crescita (che può durare anche per una settimana)?

In tutti questi casi è bene assecondare l'esigenza del bambino di contatto e vicinanza. A volte i motivi possono non essere palesi agli adulti ma un bambino può sentire comunque questa necessità ed è corretto assecondarla e accogliere la sua esigenza.

Se dopo una settimana/dieci giorni, la situazione anziché migliorare peggiora allora si possono mettere in atto alcune piccole azioni per aiutare il bambino a gestire i risvegli notturni con tranquillità e autonomia.

Ad esempio, spesso basta che la mamma si avvicini dolcemente, lasciando il bambino nel suo lettino e mettendogli una mano sul pancino o avvolgendolo tra le sue braccia, senza sollevarlo dalla culla. Magari accompagnando questi gesti con un suono della voce che sia quanto più monotono possibile (ad esempio è molto apprezzato dai bambini "sssshhhh", quello che si usa per chiedere di fare silenzio. Ripeterlo in maniera lunga e continua rilassa il bambino). Alcuni bambini amano il carillon, altri basta che sentano il proprio "oggetto transizionale" (quello che come genitori deciderete essere l'oggetto che lo accompagna alla nanna).

Purtroppo come andrà la notte non è prevedibile e anche se una andrà bene non è necessariamente detto che anche la successiva andrà nello stesso modo. Lo stesso vale per una nottata agitata: non diamo per scontato che si ripeterà caricando di agitazione e ansia la serata.

Per questo è importante cercare di riposare insieme al bambino, durante il giorno. Ogni occasione in cui il bambino si addormenta deve essere sfruttata dalla mamma per riposarsi resistendo alla tentazione di fare qualcos'altro. Allattando sdraiata, inoltre, il tempo di riposo aumenterà e non è da sottovalutare. Sarà inoltre più semplice riprendere sonno per tutti e ridurre quindi il periodo di veglia.

Un altro luogo comune che spesso si sente ripetere è "il mio bambino ha scambiato il giorno per la notte". Ci sono bambini che passano notti molto agitate, svegliandosi ogni ora o anche più. Per poi addormentarsi verso le prime ore della mattina e riposare fino a mezzogiorno; oppure fare lunghe dormite il pomeriggio.

Innanzitutto è importante sottolineare nuovamente che, soprattutto nei primi mesi, **l'istinto guida i ritmi**. Per questo, indipendentemente da che ora sia, la mamma deve cercare di riposare quando il bambino riposa. Qualsiasi altra cosa ci sia da fare o viene delegata a qualcuno o non si fa. Non sono poi così tante le cose che una mamma deve necessariamente fare personalmente. È importante accettare serenamente l'abbandono delle proprie abitudini per provare a sintonizzarsi sui ritmi del proprio bambino piuttosto che combatterli (il tempo per tornare a pensare anche al resto arriverà). Il riposo è alla base di un allattamento sereno per cui deve diventare il primo obiettivo ogni volta che se ne presenta l'opportunità.

Questo può avvenire se la mamma è a casa in maternità e se non ci sono fratelli maggiori da accudire. Nel caso in cui la mamma sia già rientrata al lavoro o si abbiano più figli a cui badare è importante creare comunque le occasioni per riposare, chiedendo aiuto al proprio compagno, ai parenti o a una baby sitter occasionale che possa stare con i bambini a seconda delle necessità.

Il secondo passo è quello di provare a comprendere i motivi possibili di queste notti agitate: la mamma assume troppo caffè, the, coca cola o prende troppa cioccolata o altre sostanze contenenti caffeina o energizzanti? Ricordiamo che, anche se in piccole quantità, passano nel latte. Si può provare a evitarne l'assunzione per qualche giorno (non basta un giorno solamente) e vedere se piano piano la situazione migliora.

A volte anche i ritmi della famiglia possono incidere: i neonati imparano a regolare la propria giornata con quella della propria famiglia, ma non sempre quei ritmi sono adatti al bambino. A volte può succedere che se la mamma è occupata tutto il giorno per lavoro, il bambino si abituerà a cercarla durante la notte. Questo può succedere anche quando ci sono altri fratelli più grandi che catalizzano l'attenzione della mamma durante il giorno. Il piccolo capirà presto che la mamma la può avere per sé solo di notte e la cercherà più spesso. In questi casi la soluzione sarebbe provare a dare maggiori attenzioni al bambino durante il giorno o almeno prima di andare a dormire. Ma se questo non è sufficiente è importante avere la consapevolezza su cosa spinga il bambino a cercare la mamma durante la notte e assecondarla.

A volte, giornate eccessivamente stimolanti (cambi frequenti di ambiente di temperature, di luci e di rumori) possono avere come conseguenza notti molto agitate.

Spesso si tende a credere che un bambino che dorme poco di giorno dormirà tanto di notte. In realtà è quasi sempre il contrario. Neonati che dormono poco di giorno rischiano di arrivare a sera molto agitati per i numerosi stimoli ricevuti e di esternare questa agitazione con violenti e duraturi pianti (etichettati frettolosamente come "coliche") o con risvegli frequenti.

Ovviamente questo non significa lasciar dormire il bambino tutto il giorno. Durante il giorno è bene che il bambino segua un buon ritmo mangio-dormo-gioco, fin da molto piccolo. L'ideale sarebbe che di giorno possa stare in mezzo alle luci e ai rumori, che capisca che è giorno. L'unico accorgimento è che questi stimoli non siano eccessivi. Di notte, anche durante i risvegli è invece importante mantenere toni di voce bassi, luci soffuse ecc.

Quello che l'esperienza dimostra essere efficace per raggiungere un sonno tranquillo e sereno è sicuramente l'adozione di una **routine per la nanna**.

I bambini molto piccoli non hanno riferimenti temporali per riuscire a capire cosa accade e con quali tempistiche.

Al di là dell'idea diffusa che bisogna imparare ad adattarsi in fretta al cambiamento e che i bambini debbano adeguarsi alle giornate e ai ritmi dei genitori e delle abitudini familiari, nella realtà questa è una forzatura. Il rischio di questa forzatura è quella di creare aspettative da parte dei genitori che non saranno rispettate dai bambini. O, se verranno rispettate, potrebbero portare conseguenze in altri momenti: pomeriggi ricchi di stimoli o serate

particolarmente frenetiche per un neonato potrebbero provocare notti agitate. Spesso questi collegamenti non vengono fatti e si cerca una spiegazione medica rispetto a nottate agitate o episodi intensi di "coliche". Invece può succedere che sia proprio la generale gestione delle giornate a creare tensioni ed episodi di nervosismo.
Ovviamente non tutti i bambini vengono disturbati da eccessivi stimoli. Alcuni si adattano davvero serenamente alle abitudini della famiglia e dei genitori. Ma molto più frequentemente saranno i genitori a doversi abituare alle esigenze di un nuovo nato.

Sicuramente è molto utile inserire delle routine all'interno delle giornate.

Questo aiuta il bambino a comprendere cosa succederà subito dopo. Il bambino riceverà il nuovo stimolo senza sentirsi spiazzato o spaventato. Più riuscirà a comprendere la successione di quello che avviene, più riuscirà a viverlo tranquillamente.

Lo stesso avviene per la routine della nanna. Se prima di addormentarsi si ripetessero sempre le stesse azioni, si ascoltasse sempre la stessa canzoncina, se gli si offrisse sempre il ciuccio o un piccolo oggetto transizionale che il bambino riuscisse ad associare al momento nanna, lo si aiuterebbe a capire che si sta avvicinando l'ora di andare a dormire.

Sulla scelta della routine della nanna è importante fare una valutazione rispetto a quelle che sono le normali abitudini di una famiglia. Molte volte viene consigliato il bagnetto o qualche minuto di massaggi con olio di mandorle. Si tratta senza dubbio di attività potenzialmente rilassanti (anche se non è detto che tutti i bambini le apprezzino). Ma sono anche attività che non possono essere ripetute ad esempio quando si è fuori casa o quando si è di fretta o quando le condizioni intorno non lo consentono.
Per questo il consiglio è quello di creare una routine della nanna che sia facilmente replicabile nella maggior parte delle condizioni, senza che diventi eccessivamente laboriosa, vincolante o impegnativa per i genitori.
Basta a volte associare al momento della nanna una canzoncina oppure un oggetto specifico, o una serie di frasi ripetute. Qualcosa che il bambino possa riconoscere come sempre uguale e come "segnale della nanna".
Molte mamme decidono di utilizzare il ciuccio in questo modo. Il ciuccio viene

offerto al bambino esclusivamente come segnale della nanna, per rilassarsi e prendere sonno.
Per garantire al bambino coerenza è importante che la routine che viene scelta si mantenga il più uguale e ripetitiva possibile.
Anche scegliere un orario della nanna e cercare di mantenerlo invariato il più possibile aiuta il bambino a sintonizzarsi su ritmi biologici che conciliano il sonno.
Ovviamente la routine della nanna non deve diventare fonte di tensione. Saltare o modificare la routine della nanna per una sera perché si ha un impegno non prometterà la sua efficacia.
È possibile inoltre scegliere routine differenti per i riposini durante la giornata e invece adottarne una specifica per la nanna della notte. Oppure si può scegliere di usare sempre la stessa routine, per tutti i momenti nanna (sia di giorno, sia di notte). Ogni genitore può fare dei tentativi con il proprio bambino e scoprire quale scelta si adatta meglio alle dinamiche familiari e alle preferenze del proprio bambino.

Spesso si sente suggerire di "non fare addormentare il bambino allattandolo". Con i neonati è praticamente impossibile. Un bambino appena nato si stanca moltissimo durante la poppata per cui è inevitabile che si addormenti attaccato al seno.
Con bambini leggermente più grandi è possibile sperimentare alternative come l'offerta del ciuccio o di un oggetto transizionale. Si può allattare il bambino fino a quando lo si vede semi addormentato e proseguire poi l'addormentamento direttamente nel lettino con il ciuccio o il "doudou" (come viene chiamato l'oggetto transizionale).
Anche in questo caso, se dovessero presentarsi serate nervose o agitate e si offrisse il seno per addormentare un bambino particolarmente irrequieto, è bene sapere che non si tratterà mai di un'abitudine che non potrà più essere modificata. Un genitore avrà sempre la possibilità di variare un comportamento quando questo non risponderà più alle esigenze del momento.

OSTACOLI

L'allattamento al seno è un percorso molto delicato. Proprio perché non si tratta solo di una questione fisica, istintiva, naturale ma coinvolge anche la sfera emotiva di una mamma, è necessario che tutto l'ambiente intorno sia complice.

È importante però prendere coscienza del fatto che la maggior parte dei problemi e delle criticità che si incontrano durante l'allattamento, in particolare nella fase di avvio, sono facilmente risolvibili attraverso un supporto professionale e competente. Sono davvero rari i casi di problematiche fisiologiche che rappresentino un reale ostacolo alla produzione di latte. Il più delle volte si tratta di piccoli aggiustamenti che un supporto adeguato può consigliare permettendo così un proseguimento sereno dell'allattamento.

Parenti, amici e conoscenti, quindi, prima di offrire consigli, è bene che si chiedano se questi siano ancora attuali e se siano esattamente quelli che servono alla mamma per essere incoraggiata.

Allattare non è fondamentale, lo sappiamo. Non dipenderà da questo il legame futuro tra mamma e bambino. Ma molte mamme lo desiderano fortemente e rinunciare viene spesso vissuto come una sconfitta.
È necessario rispettare questa volontà della mamma e anziché convincerla a rinunciare per la sua serenità, è decisamente più utile informarsi o consigliarle di affidarsi a personale specializzato come le consulenti in allattamento disponibili su tutto il territorio nazionale.

Gli "altri" sono spesso l'ostacolo più grande all'allattamento: seguire i consigli sbagliati, sentirsi la pressione addosso, il continuo suggerimento di smettere prima ancora di qualunque incoraggiamento utile a proseguire.
Spesso, purtroppo, questi "altri" sono proprio le persone che si hanno più vicine, quelle a cui tendiamo ad affidarci in un momento delicato come i primi

mesi di maternità.
È invece essenziale rivolgersi a personale specializzato per un supporto positivo e competente. Il personale specializzato, va sottolineato, è personale formato specificatamente sull'allattamento. Di solito non sono i pediatri e nemmeno il ginecologo. Sono più facilmente le ostetriche o, meglio ancora, le mamme alla pari e le consulenti allattamento disponibili a incontri personalizzati su tutto il territorio nazionale, anche attraverso gli strumenti web per facilitare le neomamme che non hanno riferimenti nelle proprie zone limitrofe.

Un altro ostacolo all'allattamento è il passaggio all'**aggiunta**. Nonostante questa prassi sia parecchio consigliata, lo scopo è quasi sempre quello di tranquillizzare la mamma. I bambini, anche quelli più piccoli, in assenza di particolari criticità non necessitano assolutamente dell'aggiunta di latte artificiale. Il latte materno è sufficiente. Capita molto spesso che il bambino non sembri mai sazio. È una situazione normale. A volte i neonati richiedono il seno anche a distanze molto molto ravvicinate (ad esempio ogni 15 minuti). Bisogna darsi almeno 2 mesi perché l'allattamento si assesti. In questo periodo è fondamentale che la mamma sappia che quanto le è richiesto è mettersi a disposizione e seguire le richieste del neonato. Questo non comporterà nessun vizio, nessuna abitudine scorretta, nessuna educazione sbagliata, nessun rapporto disequilibrato. In questo primo periodo il bambino ha il compito di chiedere al corpo della mamma di adeguarsi alle sue esigenze, di spiegare a quel corpo quello di cui ha bisogno, in quali quantità, con quale frequenza. In questi primissimi mesi, l'istinto di attaccarsi al seno non deve essere frenato, ostacolato o controllato. È l'unico modo perché la produzione di latte si assesti in maniera corretta.
Bisogna avere fiducia nel proprio bambino e fiducia nel tempo. Crescendo il bambino chiederà di attaccarsi con meno frequenza, imparerà a succhiare con maggior vigore e accorcerà le poppate perché imparerà a renderle più efficaci. Imparerà anche a saziarsi di più, invece che terminare la poppata appena non avvertirà più lo stimolo della fame (a questo spesso sono dovute le poppate frequenti: a poppate poco vigorose e che si interrompono nel momento in cui il bambino non avverte più lo stimolo forte della fame, il che non corrisponde ad essere realmente sazio).
Quindi sì, nei primi tempi si avrà davvero l'impressione di essere a

disposizione 24 ore al giorno e di avere il bambino "sempre attaccato". È tutto estremamente normale.

Esistono bambini che nascono già con una suzione vigorosa, che in pochi minuti li porta a saziarsi e che hanno un livello di resistenza alla fame più elevato. Ma la maggior parte dei bambini richiederà il seno anche più di 12 volte al giorno e la durata della poppata dipenderà moltissimo da bambino a bambino. A volte potrebbe durare ore, altre volte pochi minuti.

Non c'è nulla di sbagliato né nel bambino, né nella mamma, né nel suo latte. Si tratta di una fase molto delicata che getterà inevitabilmente la mamma nello sconforto. La sensazione di stanchezza, difficoltà e responsabilità diventa davvero soffocante. Per questo però, le persone intorno dovrebbero essere preparate ad accoglierla. Dovrebbero cercare di capire se quella difficoltà può essere superata perché la volontà di allattare è forte o se l'unica soluzione sia il passaggio al latte artificiale. Bisogna capire non solo la difficoltà della mamma ma anche quanto la mamma ci tenga ad allattare. Se lo smettere di allattare non verrà vissuto come una rinuncia o sconfitta.

Perché le difficoltà legate all'allattamento sono davvero tante. Sono importanti. Sono reali. Non sono mai delle esagerazioni. È necessario essere disposti a capirlo e fare in modo che in altri momenti della giornata la mamma possa rilassarsi, possa prendersi i suoi spazi, possa riposarsi e possa così essere più serena nel momento dell'allattamento.

Il passaggio all'aggiunta creerebbe un ostacolo importante: la produzione di latte si assesta sulla base della richiesta del bambino. Se il bambino chiede latte e questo gli viene dato attraverso il biberon, il corpo della mamma non potrà mai capire quale sia la reale necessità di latte del bambino. Non adeguerà mai la produzione e questa incomprensione tra mamma e bambino proseguirà. Bisogna invece avere una grandissima pazienza nel soddisfare la richiesta di latte del bambino, allattandolo tutte le volte che lo richiede, senza porsi dubbi se sia la cosa corretta da fare. Lo è.

Non si creerà nessun vizio, non sarà attaccato così per sempre, non è vero che offrendogli il seno si rinuncia a cercare di capire quale possano essere altre sue possibili esigenze. Se il bambino vuole altro rispetto al seno, lo rifiuterà. Se quando glielo si propone si calma e lo prende, voleva quello. Non ci sono altre domande da farsi.

Il bambino si sta allenando e sta allenando il corpo della mamma insieme a lui. Va preso così, come se fosse un allenamento intenso per arrivare il prima possibile a raggiungere un equilibrio. Lasciarsi guidare dalle richieste del bambino è l'unica cosa giusta da fare. Non bisogna temere che prenda il sopravvento. Lui non vuole prendere il sopravvento sulla mamma. Lui vuole aiutare entrambi a raggiungere in breve tempo la situazione migliore.

Intorno ai 3 mesi l'allattamento cambierà notevolmente. Le poppate si accorceranno e la pausa tra una e l'altra si allungherà, fino a raggiungere le 3/4 ore.

Quindi questo è il tempo per cui è richiesta pazienza, disponibilità e nel quale tutta la famiglia deve dare supporto e incoraggiamento.

Nel caso in cui l'aggiunta si rendesse necessaria per comprovate problematiche legate ad esempio ad un corretto accrescimento, la prima soluzione da percorrere resta quella dell'aggiunta di latte materno. Può succedere che le poppate non siano efficaci o che il bambino si addormenti al seno dopo poche suzioni e non assuma la quantità sufficiente o che ci siano problemi di attacco. Al fine di mantenere il seno stimolato e produttivo, la mamma può utilizzare un tiralatte e provare a proporre il proprio latte come prima scelta di aggiunta (che resta sempre la scelta migliore). Il ricorso all'aggiunta di latte artificiale dovrebbe sempre essere valutata come scelta finale, quando le alternative che contemplano la salvaguardia dell'allattamento al seno non sono state sufficienti. È bene ricordarsi che l'aggiunta può essere ridotta gradualmente in ogni momento per tornare all'allattamento al seno esclusivo. Un supporto competente da parte di una consulente IBCLC potrà senza dubbio indirizzare la mamma alla ripresa dell'allattamento esclusivo e alla gestione migliore dell'aggiunta.

Molte volte può presentarsi la situazione di un **bambino "sonnolento"**, ossia un bambino che dorme molto durante la giornata, che non raggiunge le 8 poppate nelle 24 ore o che dopo pochissime suzioni si addormenta al seno (poppata sonnolenta).

Anche questa situazione è bene affrontarla con il pediatra o con una consulente allattamento.

Innanzitutto è importante capire in quale fase dell'allattamento ci si trova.

Nei primissimi giorni, nel caso in cui durante il parto siano stati utilizzati farmaci (parto con epidurale o parto cesareo) il bambino può risentire dell'anestesia e dormire molto durante la giornata. Questa situazione dovrebbe comunque ristabilirsi entro 3/4 giorni per assestarsi ad almeno 8 poppate nelle 24 ore. Lo stesso vale in caso di parto traumatico.

Spesso ci si chiede se sia necessario "svegliare un neonato che dorme". Anche in questo caso dipende dall'età del bambino. Nelle prime settimane dopo il parto è importante garantire almeno 8 poppate durante le 24 ore, sia per garantire il corretto apporto di latte al bambino, sia per stimolare la produzione di latte. Quindi non bisogna svegliare un bambino mentre dorme se una volta sveglio è in grado di recuperare il numero ideale di poppate nell'arco della giornata. Spesso un bambino prende una pausa molto lunga ma poi avvicina le poppate recuperando il numero complessivo.

Quindi l'ideale sarebbe osservare il bambino e il suo comportamento in un lasso di tempo di 24 ore per capire se sia necessario o meno svegliarlo mentre dorme. La valutazione andrà accompagnata anche da un'osservazione del bambino (se quando è sveglio è attivo, se la sua pelle risulta bella idratata e rosea) e dal monitoraggio del numero di pannolini che bagna e dall'analisi della curva di crescita effettuata dal pediatra.

Molte volte può succedere che pur cercando di svegliare un neonato per stimolare le poppate, il bambino continui a dormire, senza volersi attaccare al seno. O al contrario che sia particolarmente nervoso e finisca per rifiutare il seno (con il rischio di innescare anche uno "sciopero del poppante").

Esistono alcuni suggerimenti per provare a stimolare un bambino tendenzialmente sonnolento:

- approfittare dei primissimi segnali di risveglio, quando il bambino passa da una fase di sonno alla successiva. Prima che si riaddormenti, quando inizia a portarsi le manine alla bocca, a muoversi, a ruotare la testa alla ricerca del seno, si può provare a sollevarlo dalla culla e offrirgli il seno;
- parlare al bambino mentre lo si allatta, senza esagerare con gli stimoli per non distrarlo o disturbarlo;
- avvicinare il seno al bambino facendo uscire qualche goccia di latte per bagnargli le labbra;
- favorire il pelle a pelle, spogliando il bambino e appoggiando il suo corpo a contatto diretto con la pelle della mamma (se fa freddo ci si può coprire con una coperta pesante mantenendo comunque il contatto pelle contro pelle tra mamma e bambino).

È sempre importante mantenere controllato il numero di pannolini bagnati durante la giornata (almeno 4 o 5 di quelli usa e getta) per capire se il bambino stia assumendo una quantità sufficiente di latte. Con il pediatra bisognerà mantenere monitorata la curva di crescita.

Anche l'utilizzo del **ciuccio** o del **biberon** sono degli interferenti importanti nell'allattamento. Non bisogna però cadere nell'errore di demonizzarli.
Il ciuccio, molto spesso, è un supporto positivo se viene usato correttamente. I genitori potranno ricorrere al ciuccio in diverse occasioni per dare serenità al proprio bambino.
L'importante è rispettare alcune indicazioni che aiutano a calibrare l'utilizzo del ciuccio in modo che si riveli un aiuto e non un ostacolo:

- l'utilizzo del ciuccio andrebbe rimandato a quando l'allattamento si è stabilizzato (circa 4 settimane dopo il parto). Il ciuccio in questo periodo iniziale ha una controindicazione principale: impedisce una corretta calibrazione della produzione di latte. Distanziare le poppate offrendo il ciuccio comporta la perdita di un'occasione di stimolo per il seno;
- il ciuccio andrebbe utilizzato in particolari momenti della giornata. Un'esperienza positiva è quella che prevede l'utilizzo del ciuccio solo al fine di addormentare il bambino, aiutandolo a rilassarsi nel momento in cui il seno è già stato offerto. Il ciuccio deve avere un obiettivo positivo e costruttivo, non uno scopo ritardante o di rimpiazzo.

Spesso molte mamme si trovano nella situazione in cui vorrebbero offrire il ciuccio ma il bambino lo rifiuta. Innanzitutto è bene precisare che si tratta di una situazione normale. Il ciuccio non è un elemento che fa parte del patrimonio istintivo della nostra specie. È un elemento che è stato inserito. L'istinto naturale di un bambino è la ricerca del seno della mamma. Qualunque alternativa può avere bisogno di un periodo di accettazione.
Ed è qui che spesso ci si chiede: quanto insistere perché il bambino accetti il ciuccio? Non esiste una regola universale e una ricetta corretta.
Sicuramente in molte fasi, soprattutto successive ai primi mesi, il ciuccio si è rilevato un alleato per la diade, per affrontare alcuni momenti della giornata particolarmente tesi. Quindi è inutile demonizzare il ciuccio. L'importante è

avere sempre chiaro il suo ruolo e individuare a priori i momenti in cui si desidera utilizzarlo.

Quindi proporre il ciuccio non ha di per sé controindicazioni. Così come proseguire nella proposta a oltranza. Molti bambini iniziano a usare il ciuccio quando spuntano i primi dentini; altri addirittura verso i 9 mesi. Non è possibile sapere se prima o poi il bambino che inizialmente rifiuta il ciuccio lo accetterà. Molti bambini continueranno a non volerlo e troveranno comunque un proprio modo per autoconsolarsi. L'insistenza, ovviamente, non deve mai travalicare il limite del rispetto di quanto un bambino dimostra come preferenza. Il ciuccio non deve diventare un'imposizione, deve essere apprezzato dal bambino e accolto. Altrimenti il ruolo positivo del ciuccio viene meno.

Discorso diverso invece per il biberon.

Il biberon presenta almeno due controindicazioni: la prima è l'interferenza con l'attacco al seno e la suzione. Attacco e suzione attraverso il biberon sono molto diverse rispetto a quello che prevede un corretto attacco al seno. Un bambino che viene alternato tra allattamento al seno e proposta del biberon genera una certa confusione che solitamente compromette proprio l'allattamento al seno. Il tipo di suzione richiesta per estrarre latte dal seno è molto diversa e impegnativa rispetto a quanto richiesto per estrarre latte dal biberon. Questo rischia di rendere poco efficaci le suzioni al seno in un bambino a cui viene proposto il biberon, soprattutto nelle prime settimane di allattamento.

In secondo luogo, quello che viene insegnato al bambino rispetto al funzionamento della suzione, genera ulteriore confusione: spesso le prime poppate al seno sono "vuote". Il latte impiega qualche tempo per essere estratto e, a seconda del riflesso di emissione, ad arrivare alla bocca del bambino. Nel biberon invece il latte è immediatamente pronto e scende per forza di gravità alla prima poppata del bambino. Questo comporta che il bambino sarà meno disponibile ad aspettare del tempo attaccato al seno, poppando a vuoto, prima che il latte giunga alla sua bocca. Ciò determinerà spesso un avvio della poppata molto nervoso e agitato, dovuto all'impazienza di un bambino che avendo sperimentato il biberon si aspetta che il latte sia immediatamente disponibile e non sia necessario faticare per averlo.

Il **reflusso** potrebbe essere un ulteriore ostacolo all'allattamento, almeno per come spesso viene facilmente diagnosticato e quindi curato in maniera medicalizzata.
Il reflusso gastroesofageo è una condizione che prevede il passaggio (il ritorno) di contenuto dallo stomaco all'esofago. Il riflusso è considerato fisiologico nel neonato asintomatico. È importante sapere che negli ultimi anni le diagnosi di reflusso sono aumentate notevolmente soprattutto nei bambini occidentali. Questo potrebbe da un lato far riflettere sul fatto che negli anni precedenti la diagnosi di reflusso fosse molto rara o complessa; dall'altro lato c'è una tendenza a considerare patologiche e a medicalizzare e curare con farmaci situazioni fisiologiche (almeno entro certi limiti).
Dall'altra parte è anche possibile sottolineare il fatto che in Occidente si vive in maniera più frenetica sia rispetto al passato, sia rispetto ad altre zone del mondo e questo potrebbe essere somatizzato dal bambino e manifestato attraverso tensioni muscolari che potrebbero aumentare gli episodi di rigurgito (e la diagnosi di reflusso).
La maggior parte delle terapie che seguono la diagnosi di reflusso prevedono la somministrazione di farmaci.
In presenza di reflusso è importante differenziare tra:

- reflusso gastroesofageo vero e proprio;
- malattia da reflusso gastroesofageo;
- rigurgito in senso stretto.

Nel primo caso si verifica un effettivo passaggio di contenuto gastrico nell'esofago ma può trattarsi di una condizione fisiologica normale nei neonati che non dimostrano sofferenza.
La malattia da reflusso gastroesofageo, invece, è una condizione patologica più o meno fastidiosa per il bambino.
Il rigurgito è un movimento volontario o involontario che provoca una fuoriuscita dalla bocca di quanto ingerito e contenuto nello stomaco. Sotto l'anno, circa il 40% dei neonati rigurgita (anche fino a 5/6 volte al giorno) e si tratta solitamente di una condizione normale se la crescita si mantiene costante. Tant'è vero che spesso i bambini fino ai 12 mesi rigurgitano senza quasi nemmeno accorgersene, senza agitarsi e senza lamentarsi. Spesso la preoccupazione verso i rigurgiti (anche frequenti) è dovuta a una percezione personale da parte dei genitori per cui quel rigurgito sembra consistente

quando, nella realtà, non lo è. Il rigurgito nei bambini sotto i 12 mesi rappresenta tendenzialmente più un problema di gestione e di lavatrici che di salute.

Nei bambini sopra i 12 mesi, invece, il rigurgito potrebbe essere associato a una malattia da reflusso gastroesofageo.

Quando si sospetta un reflusso è necessario verificare alcune condizioni con il pediatra:

- il rigurgito si trasforma in vomito vero e proprio ("a spruzzo");
- il rigurgito presenta un colorito verde o giallo-verde;
- il bambino presenta segni di grave disagio, difficoltà di nutrimento o crescita non costante;
- gli episodi di rigurgito frequenti si manifestano anche oltre i primi 12 mesi d'età.

Spesso per gestire il rigurgito viene consigliato l'utilizzo del ciuccio. In realtà non è la soluzione corretta. Innanzitutto il ciuccio riduce le poppate e quindi limita l'aumento di peso. Questo aumenta il problema, anziché ridurlo dato che i bambini con reflusso presentano una crescita scarsa.

È importante che i genitori non si lascino agitare dal rigurgito altrimenti il bambino recepirà la tensione in relazione a un evento che lui non può controllare e questo potrebbe provocare maggior disagio nel bambino. In assenza di problematiche (ad esempio scarsa crescita o reazioni fastidiose e plateali del bambino) i rigurgiti vanno accettati dai genitori come condizione naturale che si risolverà con il tempo.

Se non dovesse risolversi autonomamente dopo i 12 mesi potrebbe essere utile un approfondimento, ma anche in questo caso, senza caricare gli episodi di rigurgito con eccessivo stress.

Anche il "**frenulo corto**" può rappresentare un ostacolo all'allattamento. Il frenulo è quella sottile lamina di tessuto che collega la lingua al pavimento orale (frenulo linguale) o il labbro superiore alla gengiva (frenulo gengivale). Il frenulo corto rappresenta un'anomalia che non sempre provoca conseguenze. Ma nel momento in cui, il frenulo corto diventa un ostacolo per l'allattamento è importante intervenire per risolvere il problema definitivamente. Tanto più che il frenulo corto potrebbe avere conseguenze in futuro legate allo sviluppo del linguaggio, alla respirazione

ecc.
Limitandoci ad affrontare la correlazione tra frenulo corto e allattamento, questa condizione solitamente crea difficoltà quali:

- ragadi;
- suzione inefficace (che porta a una scarsa produzione di latte);
- attacco scorretto (il bambino si attacca e stacca dal seno oppure perde spesso la presa o produce uno schiocco mentre succhia);
- scarso drenaggio del seno (e rischio di dotti ostruiti o ingorghi);
- limitata crescita di peso (a causa delle suzioni inefficaci);
- aerofagia nel bambino (dato l'attacco scorretto potrebbe ingurgitare parecchia aria durante la poppata).

Il frenulo corto andrebbe diagnosticato già in ospedale, con una valutazione da parte del pediatra. In realtà, molto spesso, è una condizione che non viene indagata e che emerge solo quando a casa la mamma fatica ad allattare.
In caso di dubbio è necessario contattare una consulente allattamento professionale che saprà valutare la situazione e indirizzare i genitori verso la soluzione.
Un frenulo corto che provoca problemi in allattamento, potrebbe provocare problemi anche in futuro, su altri aspetti. Per questo la soluzione non sarà smettere di allattare ma risolvere l'anomalia.
Il frenulo viene facilmente tagliato con un intervento di pochissimi minuti e senza anestesia. Nei neonati il frenulo non è innervato e quindi non provoca nessun dolore tagliarlo, liberando i movimenti corretti della lingua e dell'intero cavo orale.

Il **capezzolo piatto** o il **capezzolo introflesso** sono aspetti che vengono presentati spesso, anche ai corsi preparto, come limiti insuperabili per l'allattamento. In realtà non è così. O almeno non lo è in senso assoluto e non può essere stabilito a priori. Anche perché il corretto attacco prevede che il bambino non afferri solo il capezzolo bensì gran parte dell'areola.
Addirittura, capezzoli che possono sembrare piatti o introflessi a un primo sguardo, protrudono se correttamente stimolati. La forza della suzione di un neonato, nella maggior parte dei casi è sufficiente per favorire l'uscita del capezzolo e garantire un attacco corretto e una suzione efficace. Potrebbe esserci qualche difficoltà in più in presenza di un bambino prematuro o con

una suzione debole.

In caso di situazioni diagnosticate e per le quali la suzione del bambino non è sufficiente, è importante contattare una consulente allattamento professionale che ha le competenze e le capacità per trattare la situazione e affiancare la mamma attraverso un percorso guidato.

Un suggerimento è quello di attaccare il bambino con una frequenza maggiore: afferrare l'intera areola (e non solo il capezzolo) quando il seno è ancora morbido (e non è ancora arrivata la calata) è più semplice, soprattutto proprio nel caso di capezzoli piatti o introflessi.

In ogni caso, una consulente allattamento saprà fornire alla mamma tutti i suggerimenti necessari per gestire la situazione, indicando anche l'utilizzo di strumenti che favoriscano l'uscita del capezzolo garantendo un attacco ottimale.

Esistono altre patologie sia che possono riguardare la mamma sia che possono riguardare il bambino. Trattandosi di patologie di entità più seria, per le quali solitamente si è già sotto controllo medico, è importante che anche il tema dell'allattamento venga affrontato dall'equipe sanitaria che segue mamma e bambino. Sicuramente il consiglio è quello di chiedere anche la consulenza di una professionista dell'allattamento che possa eventualmente affiancare i medici e confrontarsi sull'opportunità o meno di garantire comunque l'assunzione di latte materno (anche quando non è possibile allattare direttamente al seno – ad esempio estraendolo con un tiralatte).

P

POSIZIONE

Un allattamento positivo ha come elemento fondamentale la posizione. Spesso questo è un aspetto trascurato, in realtà rappresenta uno dei più importanti.

Quando si parla di "posizione" di allattamento, si affrontano in realtà due questioni:

- la posizione vera e propria ossia le modalità con cui la mamma abbraccia il bambino e lo porta al seno;
- il posizionamento ossia l'allineamento del corpo del bambino rispetto al corpo della mamma.

Dalla posizione e dal posizionamento dipende uno degli aspetti principali dell'allattamento: l'attacco.

Per attacco si intende la posizione della bocca del bambino rispetto al seno/capezzolo della mamma durante la poppata.
L'attacco corretto del bambino è essenziale perché, anche da qui, si determinano l'efficacia della poppata al fine della crescita del bambino e la giusta stimolazione del seno al fine della calibrazione corretta della produzione di latte.

La "perfetta" poppata prevede un impegnativo coordinamento da parte del bambino tra suzione, deglutizione e respirazione. Suzione e deglutizione cominciano a coordinarsi già intorno alla trentesima settimana di gravidanza: nella pancia della mamma il bambino inizia già a succhiare e deglutire il liquido amniotico in cui è immerso. La respirazione invece viene aggiunta dopo il parto. Per questo i bambini nati pretermine potrebbero avere qualche difficoltà in più ad allattare: non hanno ancora terminato il processo di coordinazione suzione/deglutizione che devono già inserire anche la respirazione. E non è semplice.

Nella poppata efficace, oltre al posizionamento della bocca, è molto importante anche il movimento della lingua:

- le labbra devono essere leggermente estroflesse;
- l'apertura della bocca deve prendere insieme alla punta del capezzolo anche una buona parte dell'areola;
- il mento deve poggiare alla parte inferiore del seno;
- il nasino deve stare ben vicino al seno (il capezzolo deve essere proposto all'altezza del nasino, in modo che il bambino pieghi leggermente il capo all'indietro per afferrarlo);
- il movimento della lingua deve andare a stimolare il capezzolo, dal basso verso l'alto. Questo movimento è chiamato "peristalsi". Ed è questo movimento ad essere molto differente tra allattamento al seno e biberon ed è quello che viene "compromesso" se viene proposto il biberon troppo presto a un bambino allattato al seno.

Può capitare che alcuni neonati presentino dei momentanei problemi di suzione: questo può succedere sia all'inizio dell'allattamento, sia in momenti successivi.

Ma quali sono gli elementi da tenere controllati per un corretto attacco del bambino?

- Il bambino deve essere posizionato girato sul fianco: la sua pancia deve essere tenuta contro il corpo della mamma avere il viso frontale rispetto al capezzolo (mamma e bambino devono trovarsi pancia contro pancia e orecchio, spalla e fianco del bambino dovrebbero disegnare una linea dritta).
- Il naso del bambino deve appoggiare bene al seno della mamma. Anche se l'impressione è quella che venga limitato il respiro, in realtà il bambino respirerà tranquillamente. Se così non fosse sarà lui a spostarsi per trovare la posizione che gli permetta di respirare, partendo però già da una posizione corretta.
- Anche il mento del bambino è ben attaccato al seno della mamma.
- Il braccino del lato su cui il bambino è girato deve "abbracciare la mamma". Non deve rimanere tra il bambino e il corpo della mamma.

Deve essere lasciato scendere verso il basso, quasi in una sorta di abbraccio del fianco della mamma.
- La bocca del bambino deve afferrare la maggior parte del capezzolo. È importante che il bambino non prenda solo la parte sporgente del capezzolo, ma anche quanta più parte possibile dell'areola. Spesso non sarà possibile che la prenda davvero tutta, ma sarà importante che almeno una buona parte entri nella bocca del bambino, insieme alla parte sporgente del capezzolo.
- È fondamentale che né la mamma debba sporgersi eccessivamente verso il bambino né che il bambino debba allungare il collo per afferrare il capezzolo. Mamma e bambino devono trovarsi quanto più vicini possibile.

Un attacco è corretto se:

- il bambino ha la bocca "spalancata";
- le labbra guardano all'esterno (ma non eccessivamente estroflesse, a pesce);
- il mento tocca il seno.

Se durante l'attacco il dolore fosse eccessivo e diventasse necessario staccare il bambino è importante non tirarlo per non stressare la pelle delicata del capezzolo. Mentre il bambino succhia, la mamma può inserire leggermente il suo dito mignolo all'interno della bocca, in modo da allentare la presa e allargare le gengive. Solo quanto il capezzolo è libero e non è più tirato dal bambino si può procedere a estrarlo.
Un consiglio che alcune mamme hanno trovato utile e che ha impedito la formazione di irritazioni o ragadi è stato quello di provare a spingere il punto dolente del capezzolo dentro la bocca del bambino. Ovviamente è un gesto che deve essere fatto con delicatezza ma che può aiutare il bambino (che ha una bocca ancora piccolina) ad afferrare gran parte del capezzolo. Quando il bambino si attacca la mamma dovrebbe prestare particolare attenzione e individuare il punto esatto della zona del capezzolo e dell'areola che provoca dolore. Mentre il bambino prosegue a succhiare, la mamma può provare a spingere quel punto dolente dentro la bocca del bambino, aiutandosi con la mano libera che non sta sorreggendo il neonato.

In presenza di seni più abbondanti, soprattutto all'inizio, può essere molto utile sostenere il seno con la mano libera (quella che non abbraccia il bambino). Con le dita a "C", l'indice sotto e il pollice sopra, la mamma può sostenere il suo seno e portarlo all'altezza della bocca del bambino per aiutarlo ad afferrarlo.

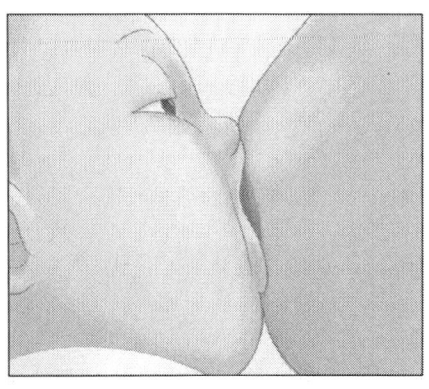
Attacco corretto

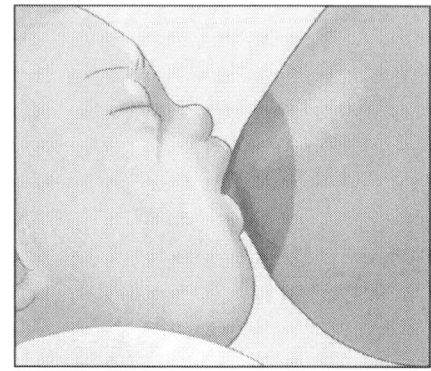
Attacco scorretto

Ma la posizione corretta non riguarda solo il bambino.
Riguarda anche la necessità della mamma di stare comoda.

Spesso la poppata può durare parecchio, anche più di un'ora: è quindi necessario che la mamma sia a proprio agio.

Oltre alle posizioni più conosciute, quelle solitamente scelte dalle mamme perché più comode, è bene conoscere anche posizioni più particolari che diventano fondamentali in caso di determinate situazioni. In presenza di un ingorgo, ad esempio, assumere una posizione diversa dal solito, aiuta a svuotare una parte del seno che, se venisse mantenuta sempre la stessa posizione, non verrebbe svuotata. Cambiare di frequente posizione è utile anche per ridurre il rischio di irritare il capezzolo e formare ragadi.

L'importante è che nella scelta della posizione anche la mamma si senta comoda e a proprio agio. Durante la poppata la mamma deve sentirsi rilassata, evitando irrigidimenti o contrazioni. È importante che la mamma pensi al suo benessere e a rendere l'allattamento un momento positivo anche per sé.

Quali sono le posizioni più frequenti e più utili da conoscere?

POSIZIONE DELLA CULLA O CLASSICA

Questa posizione è suggerita dopo che mamma e bambino abbiano imparato a conoscersi e il bambino ha solo bisogno di una piccola guida.

- Sedersi supportata da cuscini e poggiapiedi (se necessario).
- Il bambino viene tenuto davanti al corpo della mamma, appoggiato sul cuscino allattamento o sostenuto dal braccio della mamma.
- Pancia e petto del bambino sono rivolti verso il corpo della mamma (bambino e mamma si trovano pancia contro pancia).
- Le braccia del bambino si allargano attorno al corpo della mamma, come in un abbraccio.
- Gli occhi del bambino guardano verso il seno della mamma.
- Quando si allatta dal seno destro, la mano sinistra sorregge il seno dal basso verso l'alto aiutando il bambino ad afferrarlo (se necessario).
- La testa del bambino è sostenuta dall'avambraccio destro: la testa poggia nell'incavo del gomito e la mano sostiene il sedere del bambino.

È necessario invertire le braccia per allattare dal seno sinistro.

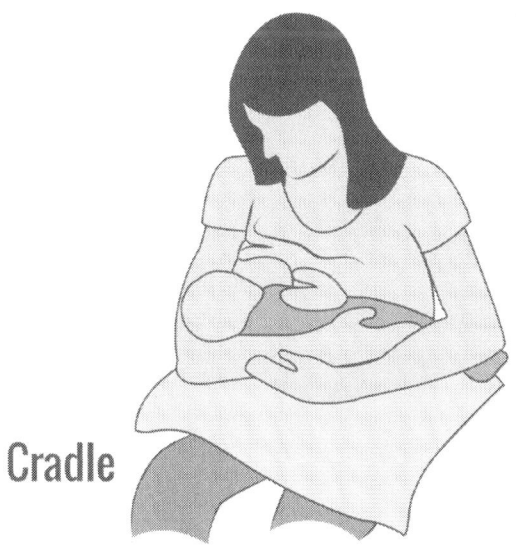

Immagine dal web

POSIZIONE DELLA CULLA INCROCIATA O DI TRANSIZIONE

Questa posizione è molto utile nei primi giorni di allattamento perché il seno, la testa e il corpo del bambino sono ben supportati e guidati dalla mamma. È una posizione molto utile anche in caso di bambini pretermine che hanno bisogno di maggior sostegno per il controllo della testa. Attenzione però a non forzare eccessivamente l'attacco. La mano dietro la nuca deve servire a supportare e guidare ma non deve spingere. Un attacco forzato potrebbe provocare a lungo termine un rifiuto del seno da parte del bambino oppure un fastidio verso quella posizione o quel lato di allattamento. Purtroppo succede spesso anche in ospedale, all'avvio dell'allattamento, che l'infermiera o l'ostetrica spingano il bambino al seno per favorire l'attacco. Questa pratica è scorretta perché non rispetta i naturali tempi del bambino e il suo istinto e potrebbe provocare una reazione opposta, di rifiuto.

- Sedersi supportata da cuscini e poggiapiedi (se necessario).
- Il bambino viene tenuto davanti al corpo della mamma, appoggiato sul cuscino allattamento.
- Pancia e petto del bambino sono rivolti verso il corpo della mamma (bambino e mamma si trovano pancia contro pancia).
- Le braccia del bambino si allargano attorno al corpo della mamma, come in un abbraccio.
- Gli occhi del bambino guardano verso il seno della mamma.
- Quando si allatta dal seno sinistro, la mano sinistra sorregge il seno dal basso verso l'alto aiutando il bambino ad afferrarlo (se necessario).
- La mano destra sarà intorno al collo del bambino, sostenendo la base della sua testa mentre il braccio sostiene la sua schiena, mantenendo il corpo del bambino vicino a quello della mamma.

È necessario invertire le braccia per allattare dal seno destro.

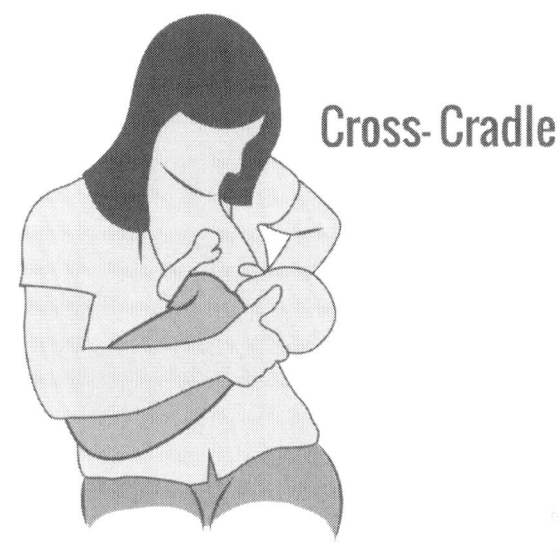

Immagine dal web

POSIZIONE A PALLA DA BASKET

Questa è una posizione molto comoda, consigliata sia in caso di parto cesareo perché il bambino è posizionato lontano dalla ferita, sia per sciogliere gli ingorghi che si formano nella parte esterna del seno, quella vicino all'ascella. È possibile provare questa posizione anche in presenza di difficoltà d'attacco al seno del bambino, per alternare le posizioni e comprendere se in questo modo il bambino si senta facilitato.

- Sedersi supportata da cuscini e poggiapiedi (se necessario).
- Il bambino viene adagiato su un cuscino di fianco alla mamma, dalla parte del seno da cui si desidera allattare.
- Pancia, petto e gambe del bambino sono rivolti verso il corpo della mamma (il corpo del bambino avvolge il fianco della mamma).
- Quando si allatta dal seno sinistro, la mano destra sorregge il seno in una C, aiutando il bambino ad afferrarlo (se necessario).
- La mano sinistra sarà intorno al collo del bambino, sostenendo la base della sua testa mentre il braccio sostiene la sua schiena, mantenendo il corpo del bambino vicino a quello della mamma.

È necessario invertire le braccia per allattare dal seno destro.

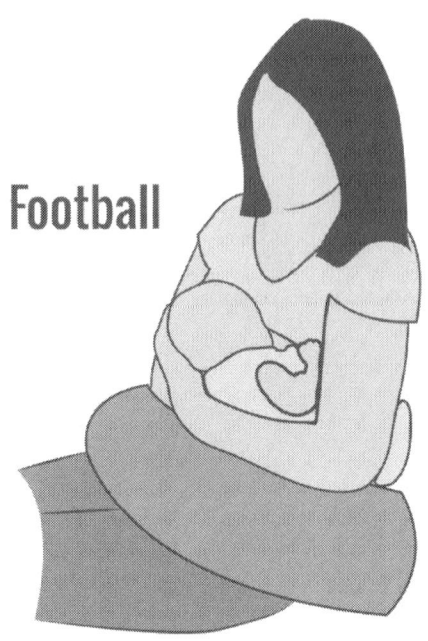

Immagine dal web

POSIZIONE SDRAIATA TRADIZIONALE

Questa posizione è molto utilizzata durante le poppate notturne, per permettere alla mamma di proseguire il proprio sonno mentre il bambino allatta. È una posizione apprezzata soprattutto i primi giorni perché consente alla mamma di riposare e recuperare ore di sonno. Inoltre è molto utile sia in caso di taglio cesareo perché il bambino non tocca la ferita, sia in presenza di episiotomia e dolore a stare sedute.

- Stendersi completamente su un fianco (sullo stesso fianco del seno da cui si desidera allattare), le gambe piegate sostenute da cuscini tra le ginocchia.
- Il bambino viene adagiato sul suo fianco con pancia, ginocchia e petto rivolti verso il corpo della mamma.
- Il braccio inferiore del bambino viene infilato sotto il seno, il braccio superiore sopra il seno.

- Il bambino guarda il seno della mamma e la sua bocca si trova allo stesso livello del capezzolo.
- Il corpo del bambino è parallelo rispetto al corpo della mamma con i piedi rivolti verso il fondo del letto.
- Se la bocca del bambino resta più bassa rispetto al capezzolo può aiutare posizionare un asciugamano piegato o una coperta sotto la testa del bambino per sollevarla.
- Può essere utile posizionare un asciugamano o una coperta arrotolati o un cuscino dietro la schiena del bambino per impedirgli di rotolare sulla schiena.
- Quando si allatta dal seno sinistro è possibile tenerlo con la mano destra in una presa a "C" (se necessario).
- Il braccio sinistro andrà posizionato sotto la propria testa oppure potrà tenere il bambino (come la mamma si sente più comoda).

Per allattare dal seno sinistro è necessario cambiare fianco e riposizionarsi invertendo le braccia.

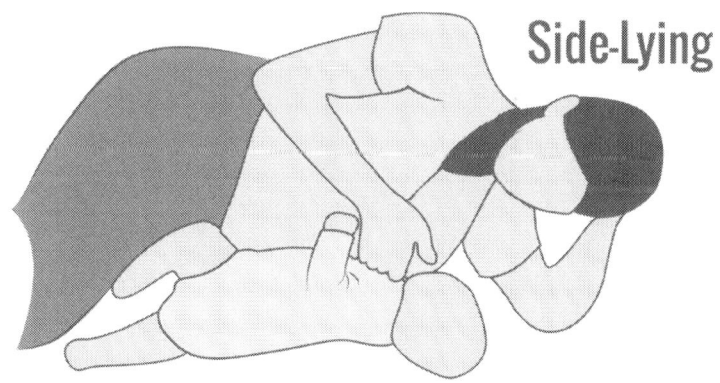

Immagine dal web

POSIZIONE SDRAIATA INVERTITA O SOTTOSOPRA

Ci si sistema come per la posizione sdraiata tradizionale, ma il bambino si trova in direzione inversa rispetto alla mamma: i piedini del bambino si trovano verso il viso della mamma e la testa verso la pancia della mamma. Per il resto le indicazioni sono le stesse della posizione sdraiata classica.

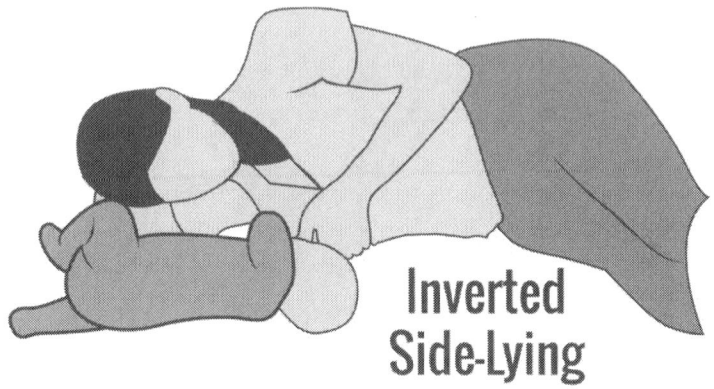

Immagine dal web

ALTRE POSIZIONI

POSIZIONE AUSTRALIANA O A KOALA

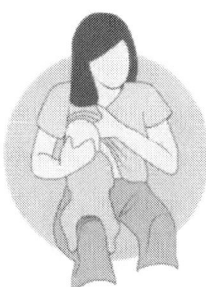

Questa posizione è adatta a bambini più grandi che sappiano reggersi da soli e abbiano un buon controllo della schiena e della testa.

- Sedersi in una posizione comoda.
- Adagiare il bambino a cavalcioni sulla stessa gamba del seno che si desidera offrire.
- Tenere il bambino in verticale e sostenere la sua testa con lo stesso braccio del seno da cui si sta allattando.

È importante che la bocca del bambino si trovi alla stessa altezza del capezzolo per evitare che il capezzolo venga tirato eccessivamente verso l'alto o verso il basso, creando fastidi o ragadi.

POSIZIONE IN FASCIA

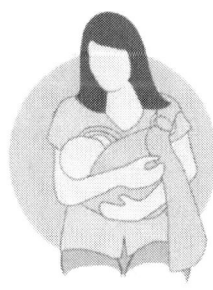

Allattare mentre il bambino è in fascia è comodo soprattutto se ci sono altri fratellini piccoli a cui badare o se la mamma ha bisogno proprio in quel momento di avere le mani libere.

- Adagiare il bambino nella fascia con il viso verso il seno che si desidera proporre.
- Regolare bene la misura della fascia in modo che il bambino sia all'altezza corretta per attaccarsi al seno senza tirare il capezzolo.

POSIZIONE SDRAIATA SULLA SCHIENA

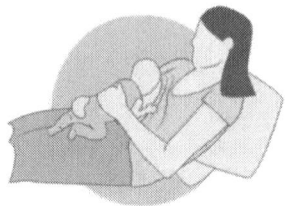

Questa posizione è utile per sciogliere ingorghi nella parte inferiore del seno. È inoltre molto utile in caso di riflesso di emissione molto forte dato che la forza di gravità agisce al contrario, rallentandolo.
Bisogna stare attenti perché il bambino, alzando la testa, potrebbe stirare il capezzolo e provocare ragadi.

- Sdraiarsi sul letto con un cuscino dietro la schiena.
- Adagiare il bambino supino sulla pancia della mamma, con il viso alla stessa altezza del seno.
- Verificare che l'attacco sia corretto e il bambino afferri anche parte dell'areola.

POSIZIONE DELLA LUPA O A CARPONI

È la posizione più indicata per svuotare gli ingorghi, complice la forza di gravità che aiuta il latte a fluire verso il basso.
Non è indicata per chi ha un riflesso di emissione molto forte, per il rischio di infastidire ancora di più il bambino – è possibile ovviare a questo problema spremendo un po' di latte prima di iniziare la poppata, in modo da ridurre la forza con cui il latte fuoriesce oppure facendo degli impacchi freddi tra una poppata e l'altra.

Purtroppo è una posizione poco utilizzata per la sua innaturalezza.
Ma una volta superato lo scoglio, i vantaggi sono notevoli.
È adatta a svuotare gli ingorghi in qualsiasi posizione si trovino: la mamma può girare come un orologio intorno al bambino per posizionarsi in modo tale che il mento del bambino sia dalla parte dell'ingorgo.

- Adagiare il bambino supino per terra, su un tappetone oppure su un tavolo basso, o sopra una pila di cuscini (stando attenti a che sia stabile).

- Posizionarsi a quattro zampe sopra il bambino (scegliendo la posizione in base al punto in cui si trova l'ingorgo, facendo in modo che il mento del bambino sia proprio nella stessa direzione dell'ingorgo).
- Abbassarsi avvicinando il seno alla bocca del bambino. È necessario abbassarsi bene per evitare che il bambino riesca ad afferrare solo la punta del capezzolo o che si debba sforzare, alzando il collo, per prendere il capezzolo.

QUANTITÀ

Uno dei principali dubbi circa l'allattamento al seno riguarda la quantità di latte disponibile e se tale quantità sia sufficiente per il proprio bambino.

La risposta è tendenzialmente sì. Anche perché il meccanismo di formazione del latte è un meccanismo naturale: più si attacca il bambino al seno, più la produzione di latte viene stimolata.

Non importa la percezione che una mamma ha di quanto il bambino stia attaccato. Per una mamma potrebbero sembrare tante 2 ore, ma il proprio corpo potrebbe avere bisogno di questo tempo per essere stimolato. Molto spesso la quantità e la frequenza della richiesta sembrano agli occhi dei genitori irrazionali. In realtà non lo sono mai. L'errore che guida questa sensazione è l'aspettativa creata da una generazione abituata ad allattare artificialmente.

Nel passato, le indicazioni erano molto rigide, anche nel caso di allattamento al seno: orari precisi, numero di poppate al giorno, durata di ogni poppata, tempo per ogni singolo seno. Tutto questo ha spesso scoraggiato l'allattamento che non può essere incasellato in regole e tabelline di marcia e ha favorito il passaggio al latte in formula, più facilmente omologabile.

Nel caso dell'allattamento al seno, l'approccio corretto sarebbe non porsi mai la domanda se si stia facendo bene e assecondare la richiesta del proprio bambino anche quando sembra eccessiva e insensata.

Anzi, spesso la richiesta del bambino nelle primissime settimane di allattamento potrebbe sembrare proprio eccessiva e insensata. È una percezione normale e assolutamente giustificabile.

Spesso, molto spesso, si avrà la sensazione di tenere il bambino attaccato tutto il giorno, di essere "a sua disposizione", di non avere tempo per respirare.

È la verità. Nessuna esagerazione. Ma questo è il modo corretto per stimolare il seno e aumentare la produzione di latte.

La cosa fondamentale è prendere consapevolezza che si tratta di un periodo momentaneo, che si assesterà nel giro di 4/8 settimane.

Ci sono sicuramente alcune accortezze necessarie per aiutare la mamma nel difficile compito di allattare che favoriscono l'aumento del latte, senza mai dimenticarsi che solo allattando a richiesta senza porsi limiti si potrà aumentare la propria produzione.

- **Riposo**: la stanchezza e lo stress sono i principali nemici nella produzione di latte. In realtà, come già spiegato, stress e stanchezza non incidono direttamente sulla produzione di latte ma sulla sua estrazione. La stanchezza inibisce la produzione di ossitocina che regola la fuoriuscita di latte. Il latte c'è, viene prodotto, ma il bambino fa fatica a estrarlo.
Per questo i papà sono fondamentali nelle prime settimane. La mamma deve poter contare su una persona a cui poter lasciare il bambino qualche ora al giorno per potersi riposare. Se nessuno della famiglia è disponibile, è importante chiedere a qualche conoscente o trovare una ragazza che passeggi con il bambino un paio di ore al giorno. È assolutamente essenziale per il corpo della mamma, provato dal parto, dal post parto e dalle notti a intermittenza. Se se ne sente la necessità è necessario allontanare il senso di colpa per lasciare il bambino piccolo con qualcun altro. Lasciare spazio alla propria necessità di riposare è essenziale per un sereno allattamento.
- **Acqua**: il latte materno è composto per la maggior parte di acqua. Per questo è importante un'idratazione costante. Non bisogna assecondare la sensazione di sete, che potrebbe non esserci. Bisogna imporsi di bere almeno 1,5/2 litri di acqua al giorno (ovviamente senza mai esagerare e senza andare oltre la propria necessità).

- **Tiralatte**: l'utilizzo del tiralatte in sé non è necessario se il bambino viene attaccato regolarmente. È invece molto utile nel caso di bambini nati pretermine che faticano ad attaccarsi al seno o nel caso di poppate sonnolente e non efficaci.
- **Fascia**: tenere il bambino in fascia aiuta a stimolare la produzione di latte perché il contatto diretto tra il seno e il bambino è in assoluto il miglior stimolo. Inoltre, la fascia permette al bambino di dormire sereno, alla mamma di riposare di più e questo aiuta la gestione dell'allattamento. Infine, la fascia favorisce l'allattamento a richiesta senza che questo rappresenti per la mamma quella sensazione di "ostaggio" che spesso porta molte donne a cercare di allungare le pause tra una poppata e l'altra. Allattare mentre il bambino si trova nella fascia permette alla mamma di muoversi e fare altro se ne ha la necessità.

Un consiglio utile affinché il bambino assuma la quantità di latte a lui realmente necessaria è quello di anticipare la sua richiesta, cogliendo i primissimi segnali di fame. Lo stomaco di un neonato è davvero piccolo e il latte materno è altamente digeribile. Questo rende assolutamente fisiologico e normale che un neonato chieda di poppare circa ogni 2 ore (dall'inizio della poppata precedente). Sarebbe controproducente cercare dei diversivi per allungare il tempo tra le poppate. Non si farebbe altro che innervosire ulteriormente il bambino, facendolo arrivare alla poppata successiva affamato e agitato.

Più il bambino è irrequieto, più complessa sarà la poppata:

- difficoltà ad attaccare il piccolo al seno;
- frequenti distacchi perché il latte non arriva subito e lui è troppo affamato per aspettare;
- suzione vorace che, all'inizio dell'allattamento, potrebbe rendere i capezzoli dolenti.

Per questo motivo è importante cogliere i primi segnali di fame del bambino e attaccarlo al seno senza chiedersi se sia già il momento o se sia ancora fame. I segnali da cogliere sono i primi movimenti dopo il sonno, il tentativo di girare il viso lateralmente alla ricerca del seno, il portare i pugnetti alla bocca,

l'aprire la bocca alla ricerca di qualcosa.
Il pianto, invece, è un segnale tardivo che rischia di aver già portato il bambino in una condizione di nervosismo.

In questa fase, soprattutto nelle prime settimane di allattamento, offrire il ciuccio allo scopo di "allungare i tempi" tra le poppate rappresenta un errore. Il bambino potrebbe anche calmarsi ma sarebbe una forzatura. Innanzitutto, il seno perderebbe un'occasione per essere ulteriormente stimolato e per arrivare prima alla corretta calibrazione (ossia alla produzione della quantità necessaria al proprio bambino). In secondo luogo, il bimbo rischierebbe di non assumere realmente la quantità a lui necessaria nell'arco delle 24 ore.

Man mano che il bambino crescerà e la capacità del suo stomaco aumenterà, le poppate si distanzieranno. Inoltre, col tempo, la sua capacità di estrarre latte migliorerà, così come la sua resistenza (non si addormenterà più tra una suzione e l'altra, ma solo se e quando l'avrà terminata). A questo punto, anche la durata delle poppate diminuirà.

Quindi, riassumendo, il dubbio sulle quantità di latte assunte nell'allattamento al seno coinvolge tantissime mamme ed è assolutamente normale, non potendolo controllare come avviene con il biberon.
Per questo è importante:

- assecondare la richiesta del bambino anche quando sembra eccessiva e irrazionale;
- non utilizzare interferenti per "allungare il tempo tra le poppate";
- anticipare la richiesta del bambino, proponendo il seno ai primi segnali di fame, evitando che il bambino si approcci alla poppata piangendo e in una situazione di nervosismo che non la renderebbe efficace;
- evitare la doppia pesata: non serve a nulla dato che le poppate di un neonato non sono sempre uguali. Il peso di un neonato è da controllare settimanalmente ed è bene che sia il pediatra o il consultorio a pesarlo e a valutare la situazione complessiva;
- controllare che bagni di pipì 4-5 pannolini usa e getta al giorno;
- non è importante quante volte fa la cacca: un bambino allattato al seno non soffre di stitichezza e sono segnalati episodi di bambini

allattati che fanno la cacca una volta alla settimana (anche 10 giorni). Ma quando poi si scaricano le feci sono comunque morbide e questo è sintomo di fisiologicità senza doversi allarmare;
- non proporre al bambino acqua o tisane: non sono necessarie e interferiscono rispetto alla produzione di latte;
- riposare ogni qualvolta se ne sente il bisogno, chiedendo un supporto per le faccende domestiche o per la gestione del bambino;
- mantenersi idratata reintegrando i liquidi che si consumano durante l'allattamento e mantenere una dieta sana ed equilibrata per avere le energie necessarie (attenzione che la natura ha programmato l'allattamento in modo tale che, anche in situazioni di scarsità – come le situazioni di malnutrizione nei paesi poveri del mondo – il latte mantiene tendenzialmente la sua composizione garantendo al neonato tutto l'apporto nutritivo necessario al suo sviluppo. Sarà la mamma a risentirne maggiormente. Quindi la dieta sana ed equilibrata è necessaria alla mamma per non sentirsi debilitata e senza forze, l'allattamento sarà comunque salvaguardato).

Dato che la paura di non riuscire a sfamare adeguatamente il proprio bambino rappresenta una delle primissime paure che una neomamma affronta, è fondamentale non rinunciare a chiedere supporto competente, contattando una mamma alla pari per un primo supporto gratuito e correttamente formato e aggiornato.
Sarà poi la mamma alla pari a valutare la situazione e, se ce ne fosse la necessità, indirizzare i genitori verso il professionista più adeguato per risolvere eventuali situazioni che stanno compromettendo il sereno proseguimento dell'allattamento.

R

RAGADI

Le **ragadi al seno** sono piccole ferite, più o meno profonde, o delle abrasioni tra il capezzolo e l'areola che spesso provocano un dolore talmente lancinante da scoraggiare l'allattamento anche nelle mamme più motivate.

Le ragadi sono abbastanza frequenti anche se non è così scontato che chi allatti ne soffra. Per questo è inutile preoccuparsi eccessivamente prima di sapere come reagirà il proprio corpo. Nelle primissime settimane di allattamento l'80-90% delle donne che allattano al seno sperimenta una sensazione di dolore ma i casi di ragadi sono circa il 26% di queste ultime.

Preparare il capezzolo all'allattamento, già durante la gravidanza, è stato dimostrato che non sia così determinante.
Sicuramente tenere la pelle idratata ed elastica non ha controindicazioni ma per questo basta un semplice olio di mandorle naturale, senza spendere soldi inutilmente.

Impostare correttamente l'allattamento, fin dalle prime poppate in ospedale, invece, è fondamentale.

La principale causa delle ragadi al seno durante l'allattamento, infatti, è costituita da un **attacco scorretto** del bambino che succhiando tira solo la parte centrale del capezzolo senza afferrare tutta l'areola.

Un'ulteriore causa di ragadi potrebbe essere il **frenulo** del bambino troppo **corto**. In questo caso una consulente professionale allattamento o il personale sanitario possono procedere ad una valutazione delle caratteristiche del frenulo e stabilire se sia necessario intervenire. Si tratta di un intervento di pochissimi secondi, effettuato in ambulatorio con l'applicazione di una pomata anestetizzante. La zona non è innervata per cui l'intervento è completamente indolore e già dalla poppata successiva si noteranno dei miglioramenti. Potrebbero volerci poi 4/5 giorni perché l'equilibrio complessivo del cavo orale si riassesti ma le poppate successive all'intervento andranno già notevolmente meglio.

Farsi consigliare e affiancare da una professionista esperta in allattamento che abbia del tempo da dedicare alla mamma per verificare che l'attacco del bambino sia corretto è il primo e indispensabile passo per limitare il rischio di creare lesioni al capezzolo.

Purtroppo, le ragadi sono abbastanza comuni durante le prime settimane di allattamento, specie se si tratta della prima esperienza. O se si ha una particolare conformazione del capezzolo che rende più complesso l'attacco del bambino.

La **posizione** in cui si tiene il neonato durante la suzione, quindi, è molto importante: tenerlo troppo in basso o troppo in altro rispetto al seno o non far aderire bene la sua pancia al proprio corpo, mette il bambino in una posizione tale che lo costringe a tirare il capezzolo in una direzione innaturale e forzata, provocando così delle ferite o degli stiramenti dolorosi.

Adottare ad ogni poppata una posizione diversa (seduta, laterale, sdraiata) per non irritare il capezzolo e per consentire al bambino di fare pressione in aree diverse dell'areola può essere una soluzione; questa accortezza consente di prevenire sia la comparsa di irritazioni e ragadi al seno, sia l'insorgenza di ingorghi mammari, grazie al migliore e più completo svuotamento del seno.

In sostanza, quindi, un buon attacco prevede che il bambino apra bene la bocca e introduca il seno fino all'areola, prendendo quanta più superficie possibile. Inoltre, il bambino deve essere posizionato su un fianco, con la pancia contro il corpo della madre e la testa nell'incavo del gomito della mamma; il capezzolo deve trovarsi all'altezza del nasino del bambino, in modo che quando spalancherà la bocca lo prenderà dal basso verso l'alto.
La bocca del bambino deve creare una sorta di "ventosa" sul seno della mamma, con un'apertura ampia, le labbra leggermente estroflesse e senza che via sia il passaggio di aria.

Se a causa del dolore fosse necessario staccare il bambino è importante non staccarlo violentemente. Si dovrà procedere inserendo il proprio mignolo in un angolo della bocca. Lui aprirà le gengive allentando la presa e solo allora sarà possibile allontanarlo.

Le ragadi diventano un problema importante anche perché provocano un dolore di intensità tale da scoraggiare l'attacco del bimbo al seno nonostante la forte motivazione di molte mamme.
Per questo motivo è importante abbattere qualsiasi barriera verso tutte quelle soluzioni che consentano alla mamma che vuole allattare di superare questo dolore con serenità, senza imporle una sopportazione insensata che non porta ad altro se non all'abbandono progressivo dell'allattamento.

La soluzione per curare le ragadi non è assolutamente quella di sospendere l'allattamento. Trovandosi infatti spesso in piena montata lattea, ridurre o eliminare le poppate potrebbe provocare ingorghi. È però senza dubbio necessario controllare l'attacco del bambino e verificare che non vi siano condizioni che provochino un attacco scorretto con la conseguente formazione di ragadi.

Un altro suggerimento in caso di ragadi è sicuramente quello di attaccare il bambino prima che richieda il seno affamato. Attaccando il bambino per tempo la suzione sarà meno vigorosa e meno nervosa e provocherà meno dolore alla mamma.

Le ragadi potrebbero presentarsi anche su un solo seno. Questo avviene perché né la mamma né il bambino sono perfettamente simmetrici. Quindi potrebbe avvenire che da un lato la posizione in cui la mamma tiene il bambino e il suo attacco sono corretti, mentre dall'altro lato potrebbe esserci qualche aspetto da sistemare.

Oltre a chiedere un supporto competente a un'esperta allattamento per verificare l'attacco corretto, alcuni accorgimenti che possono aiutare in caso di ragadi sono:

- il **cuscino allattamento**: aiuta la mamma a posizionare il bambino all'altezza corretta senza affaticare eccessivamente le spalle e la parte cervicale. Soprattutto con poppate molto lunghe, man mano che ci si stanca e si perde la forza, il braccio che sorregge il bambino si abbassa

rispetto al capezzolo e questo provoca una trazione eccessiva che può generare lesioni o traumi. Se invece ci si impegna a mantenere il bambino all'altezza corretta, questo sforzo può creare delle tensioni nella zona cervicale con conseguenti contratture o giramenti di testa e sensazione di nausea;
- il **paracapezzolo** aiuta a limitare la stimolazione diretta della pelle del seno. La mamma sente sempre meno dolore fino a non sentirne più del tutto e il bambino potrà tranquillamente succhiare il suo latte.

Alcuni bambini rifiutano il paracapezzolo e se avvertono quel sapore o quella consistenza rinunciano ad attaccarsi. Si potrebbe provare a bagnare il paracapezzolo con un po' di latte materno spremuto, appena prima della poppata.

In ogni caso, se la proposta è frequente, il bambino piano piano l'accetterà. Inoltre, il paracapezzolo è venduto in differenti taglie che devono tenere conto sia della conformazione del seno della mamma, sia della bocca del bambino. È importante farsi consigliare da una professionista nell'indicazione della taglia da acquistare e sul tipo di utilizzo da farne.

Il paracapezzolo deve comunque rappresentare una situazione transitoria, da eliminare appena il blocco psicologico della mamma causato dal dolore si è risolto;
- la **lanolina**: una pomata naturale, molto "collosa" e consistente che ha un effetto idratante senza paragoni. Aiuta a mantenere la pelle idratata ed elastica e allevia notevolmente il dolore, permettendo al seno di abituarsi gradualmente alla suzione. Il vantaggio della lanolina è che essendo un componente naturale può tranquillamente essere mangiata dal bambino e quindi la mamma può spalmarsela al bisogno, anche durante la poppata. La lanolina consente la cosiddetta "cicatrizzazione in umido", dando alla mamma quella sensazione di morbidezza che allevia la sensazione di bruciore;
- il **latte materno**: è uno dei migliori cicatrizzanti in presenza di ragadi. Spremere qualche goccia di colostro o di latte materno sia prima della poppata (per ammorbidire il seno) si una volta conclusa, aiuta le ragadi a cicatrizzarsi più velocemente.

Nonostante molte operatrici ne consiglino ancora l'utilizzo, sono invece da evitare le "coppette d'argento". Pur essendo l'argento un disinfettante naturale che aiuta le ferite a rimarginarsi, queste coppette hanno numerose controindicazioni:

- pur essendo d'argento il rischio è che contengano una percentuale di altre sostanze che potrebbero irritare la pelle già delicata di capezzolo, areola e seno;
- creano una zona umida che non si asciuga all'aria e che favorisce la proliferazione dei batteri che, attraverso la ragade, potrebbero entrare nel seno e condurre a una candida o a una mastite;
- provocano un continuo sfregamento del seno su una superficie rigida e dura; il seno potrebbe così irritarsi ulteriormente e ipersensibilizzarsi.

Mentre in assenza di ragadi non è consigliata un'igiene del seno che vada oltre alla semplice acqua, in presenza di ferite sarebbe meglio utilizzare il sapone, anche se non in quantità eccessiva. Meglio preferire un sapone neutro, senza particolari profumazioni per evitare che il bambino rifiuti il seno. L'utilizzo del sapone permette una più approfondita igiene e la riduzione del rischio che i batteri proliferino. La stessa accortezza va utilizzata per le mani e per tutto quello che può entrare in contatto con il seno, in presenza di ragadi.

A volte può purtroppo succedere che le ragadi sanguinino. Anche in questo caso non ci si trova di fronte a una condizione per cui sia necessario sospendere l'allattamento. È comunque fondamentale non aspettare che le ragadi guariscano da sole senza consultare una professionista in allattamento che possa verificare che tutte le cause che ne hanno provocato la formazione siano state risolte.

Una volta corretto l'attacco e presi i dovuti accorgimenti le ragadi iniziano a cicatrizzarsi entro pochi giorni, per guarire completamente in circa una settimana (ma molto dipende dalla loro profondità e dallo stadio a cui si trovano). Sicuramente prima si consulta una consulente, prima il problema troverà una soluzione e l'allattamento potrà proseguire serenamente.

S

SENO

Comprendere la fisiologia del seno, imparare a conoscerlo e sapere come gestire le possibili condizioni che lo riguardano è fondamentale, a maggior ragione in un periodo di profondi cambiamenti come quello dell'allattamento.

Il seno comincia a prepararsi all'allattamento fin dal proprio concepimento, quando ha inizio la formazione del tessuto ghiandolare.
Questo tessuto ghiandolare è alla base della produzione di latte e tutti gli esseri umani ne sono forniti. Le ghiandole mammarie rimangono poi inattive fino alla pubertà e allo sviluppo.
Intorno ai 10/12 anni di età, a prescindere dall'arrivo o meno delle mestruazioni, il seno comincia a svilupparsi e a crescere. Ad ogni ciclo ovulatorio il volume del seno aumenta costantemente e continua a farlo fino a circa i 35 anni di età. Lo sviluppo completo del seno, però, raggiunge il suo punto culminante con il parto e la produzione di latte.

È importante ricordare che la funzionalità e l'efficienza del tessuto ghiandolare non sono in nessun modo legate alla dimensione del seno: anche seni piccolissimi, all'apparenza piatti, sono perfettamente in grado di produrre latte nelle quantità necessarie al proprio bambino. L'unica differenza con seni molto prosperosi potrebbe essere nella capacità di avere "riserve" di latte pronte all'uso già immagazzinate nei dotti. Seni più piccoli, avendo meno spazio a disposizione in cui depositare il latte durante le primissime settimane, verranno probabilmente richiesti più spesso dal bambino. La frequenza molto ravvicinata delle poppate, pur rappresentando un momento stancante e faticoso per la mamma, è però la miglior prevenzione nei confronti di ingorghi e mastiti. Più latte si deposita nei seni e per più tempo questo latte rimane lì senza essere drenato dal bambino o da un tiralatte, maggiore sarà il rischio di ostruzione e infiammazione. In presenza di seni più grandi, la frequenza delle poppate potrebbe essere minore ma la quantità di latte assunta dal bambino nell'arco delle 24 ore non viene influenzata da questo

aspetto.
Quindi, con seni più piccoli potrebbero verificarsi un numero maggiore di poppate durante la giornata; con un seno più grande un numero minore. Ma in termini di quantità e di soddisfazione delle esigenze del bambino, se la mamma risponderà prontamente alle richieste e non porrà alcun limite né al numero né alla durata delle poppate, non cambierà nulla.

Esternamente il seno presenta:

- il capezzolo, ossia la punta sporgente;
- l'areola, ossia l'area scura che circonda il capezzolo.

Internamente, invece, il tessuto ghiandolare è composto da alveoli, che producono e conservano il latte.
Il tessuto muscolare circostante, all'atto della suzione, spinge il latte nei dotti, fino alla sua fuoriuscita dal capezzolo, per mezzo di alcune aperture.

Sotto l'areola sono presenti numerose ghiandole che contribuiscono a rendere fluida e morbida la pelle (ghiandole sebacee) e ghiandole che hanno la funzione di "disinfettare" la zona, rendendola libera da germi e perfetta per l'allattamento (ghiandole di Montgomery). Proprio la presenza di queste ghiandole nella zona di attacco del bambino rende completamente inutile qualsiasi trattamento che ha l'obiettivo di disinfettare il seno prima o dopo la poppata. Anzi, passare salviettine disinfettanti o prodotti specifici rischierebbe di eliminare la patina protettiva che proprio queste ghiandole producono in maniera naturale e che è sufficiente per mantenere priva di germi la zona.

Il seno si prepara all'allattamento da tutta la vita. Ovviamente, durante la gravidanza, il seno è interessato da modifiche sostanziali che possono essere più o meno evidenti e possono essere avvertite oppure no dalla donna in gravidanza.

Solitamente l'accrescimento del seno è uno dei primissimi sintomi dell'inizio di una gravidanza: gli alveoli aumentano di volume e i dotti si dilatano, per prepararsi ad accogliere il latte.
Già intorno alla sedicesima settimana inizia la prima produzione di colostro.

Questi meccanismi sono governati dagli ormoni della gravidanza e avvengono in maniera naturale in tutte le donne. Per questo motivo, salve patologie specifiche (ad esempio asportazioni del tessuto ghiandolare o cure particolari che riguardano però un numero limitato di casi) ogni mamma inizia a produrre latte per il suo bambino fin dalle prime settimane della gravidanza. Questo avviene anche nel caso in cui la mamma non avverte nessuna tensione al seno, nessun accrescimento e nessuna secrezione durante la gravidanza.
Alcune donne incinta racconta di aver iniziato a perdere gocce di colostro già all'inizio del terzo trimestre; altre pochi giorni prima del parto. Altre ancora invece si rammaricano di non aver mai perso latte durante la gravidanza. Nessuna delle situazioni precedenti è indice della possibilità o meno di allattare. Chi ha avuto perdite di colostro dovrà comunque dedicarsi all'allattamento a richiesta per avviare una corretta produzione. Chi invece non ha avuto perdite durante la gravidanza potrà tranquillamente allattare e produrre il latte necessario al proprio bambino una volta che questo inizierà a succhiare.

Con il parto, e più precisamente al momento dell'espulsione della placenta, i livelli ormonali del progesterone (l'ormone che impediva al latte di formarsi completamente) precipitano drasticamente e gli alveoli possono iniziare a pompare il colostro nei dotti.
Il colostro è in quantità e qualità sufficiente per sfamare il neonato nei primi giorni di vita. Si tratta di un elisir ricchissimo di anticorpi che regala al bambino una base immunitaria fondamentale che si porterà dietro per il resto della sua vita.
Il colostro ha più lo scopo di "proteggere" piuttosto che di "sfamare" il bambino ma è la parte più importante di tutto l'allattamento. Tant'è vero che anche alle mamme che scelgono di non allattare si chiede una riflessione sui vantaggi di offrire al proprio bambino almeno il colostro.

Tra i 3 e i 5 giorni dopo il parto solitamente si verifica quella che viene definita "montata" ossia la trasformazione del colostro in latte di transizione, più consistente e nutritivo rispetto al colostro.
La "montata" può avvenire anche fino a 10/12 giorni dopo il parto ed è fondamentale saperlo per non scoraggiarsi e non credere di non poter allattare il proprio bambino se il latte non arriva entro pochissimi giorni dal parto.

Alcune donne sentono fortemente l'arrivo della montata, con i seni che si gonfiano e diventano tesi e duri. Altre donne avvertono solo leggermente la montata. Altre ancora non hanno nessun sentore, ma questo non significa che la montata non sia avvenuta. Spremendo qualche gocciolina di latte questo non si presenterà più di colore ambrato ma sarà di un bianco perlato, leggermente trasparente. Si tratta proprio del latte di transizione, quello che arriva con quella che viene definita "montata".

Intorno ai 20 giorni dal parto, il latte di transizione si trasforma nuovamente e diventa latte maturo. Proprio in queste giornate il bambino può dimostrarsi particolarmente nervoso perché deve imparare a gestire e digerire il nuovo latte.
Il latte maturo accompagnerà il bambino per tutta la durata dell'allattamento, qualunque essa sia.

È importante allattare spesso (e/o estrarre il latte manualmente o con un tiralatte, se il bambino non può poppare bene), perché un allattamento frequente nella prima settimana dopo il parto determina il corretto avviarsi dell'allattamento e della produzione di latte.
Più il seno viene svuotato e più gli alveoli producono latte.
Ecco perché in queste prime settimane, spesso, le mamme iniziano a perdere latte. I seni stanno imparando a conoscere le esigenze del bambino e a calibrare la produzione. Per questo motivo, durante i primi giorni i seni sono molto gonfi e tesi: il latte resta nei dotti per essere pronto alla nuova suzione. Andando avanti con l'allattamento, invece, il latte non avrà più la necessità di restare pronto all'uso nei dotti perché il seno avrà calibrato la sua produzione sulla richiesta del bambino e produrrà solo nel momento in cui il bambino verrà attaccato al seno per poppare.
Ecco perché a volte, dopo 2 o 3 mesi di allattamento, il seno sembra "sgonfiarsi" e il latte non fuoriesce più: non si tratta assolutamente di una riduzione della quantità o del latte che "è andato via", come spesso si sente dire. Si tratta invece del seno che ha compreso i ritmi e le esigenze del bambino e non produce più in sovrabbondanza per essere pronto a qualsiasi necessità. Ora produce esattamente quanto necessario e questo riduce notevolmente anche il rischio di ostruzione dei dotti o l'insorgere di mastiti (il latte non "stagna" più nei dotti e di conseguenza non si infetta e non costituisce più un pericolo per infiammazioni o infezioni).

Quindi, quando i seni non saranno più tesi e gonfi si tratterà di un segnale positivo e non di un segnale negativo come purtroppo spesso viene erroneamente interpretato.

Questo concetto vale anche all'interno della stessa poppata: se la mamma ha la sensazione che entrambi i seni siano vuoti mentre il bambino richiede ancora latte non deve lasciarsi ingannare dalla morbidezza degli stessi. Il latte viene continuamente prodotto, anche quando non è depositato direttamente nei dotti e non crea quindi quella sensazione di gonfiore e pienezza. Significa che il bambino starà ciucciando direttamente latte prodotto in quel momento che fluirà dagli alveoli al bambino senza depositarsi nel seno e gonfiarlo. Il bambino potrà sembrare nervoso e agitato probabilmente perché in questa fase il latte non è più "comodamente" vicino al capezzolo (con la facilità che quasi esca da solo) e sarà necessaria una suzione più vigorosa per farlo arrivare.

Questo permette di sfatare anche un'altra affermazione inesatta, ossia che sia necessario attendere che i seni si riempiano di latte prima di proporli per la poppata. Il latte si produce maggiormente se i seni sono vuoti, non se sono pieni. Più il seno è vuoto, più gli alveoli capiscono di dover produrre altro latte. Quindi se il bambino ha fame va attaccato senza valutare la pienezza del seno. Il bambino troverà sempre il latte di cui ha bisogno, anche se questo al momento non è presente nel seno. Dopo i primi minuti di suzione gli alveoli entreranno in attività e produrranno in quel momento stesso tutto il latte che il bambino richiede.

L'ossitocina è l'ormone che regola la fuoriuscita di latte. Aumenta quando si è riposati, rilassati e amati. Per questo motivo lo stress e la stanchezza possono influenzare negativamente l'allattamento, limitando il riflesso di emissione e la calata del latte. Guardare il bambino mentre dorme, tenerlo accanto a sé e ascoltare il suo respiro, accarezzare la sua pelle morbida, sentirlo piangere sono tutti elementi che stimolano l'ossitocina. Le persone intorno dovrebbero concentrarsi tutte sull'allontanare lo stress, la stanchezza, essere d'appoggio e permettere alla mamma di riposare.

Può succedere che un bambino dimostri in maniera più che evidente di preferire un seno rispetto all'altro.

Questo può accadere per vari motivi:

- non siamo perfettamente simmetrici quindi un seno potrebbe avere una maggiore produzione rispetto all'altro, un diverso riflesso di emissione, un capezzolo più morbido a cui attaccarsi ecc.;
- anche il bambino potrebbe avere un'asimmetria posturale e quindi preferire essere posizionato su un fianco piuttosto che sull'altro;
- un parto traumatico che abbia particolarmente sensibilizzato un lato;
- un dolore particolare in una posizione rispetto a un'altra (oppure un'otite in corso);
- un seno più ingorgato rispetto a un altro.

È possibile provare ad attaccare il bambino in posizioni differenti per provare a proporgli anche il seno che, nella posizione classica, rifiuta (ad esempio la posizione da sdraiata, quella a palla da rugby o quella della lupa).

Se per qualsiasi motivo fosse impossibile allattare da un seno è comunque prevista la possibilità di proseguire l'allattamento da un seno soltanto, la produzione di quel seno si adeguerà alla richiesta (che probabilmente sarà doppia). Chiaramente per tutto il periodo dell'allattamento la mamma avrà un seno molto più pronunciato dell'altro.

TIRALATTE

Il tiralatte è uno strumento utilissimo in varie fasi del percorso di allattamento.

Nella fase iniziale di calibrazione e di avvio dell'allattamento è tendenzialmente sconsigliabile usarlo a meno che non ci siano difficoltà di attacco del bambino o in caso di bambini fortemente prematuri che faticano a succhiare.

Anche in presenza di particolari patologie che impediscono di tenere insieme mamma e bambino il tiralatte è fondamentale per stimolare il seno e favorire la produzione di latte (ad esempio se il bambino viene ricoverato e la mamma viene dimessa – in questo caso è importante che la mamma stimoli il seno almeno 8 volte al giorno e che non si dimentichi di stimolarlo almeno una volta durante la notte).

In condizioni fisiologiche, invece, è sempre meglio favorire l'attacco del bambino al seno e utilizzare il tiralatte solo in presenza di reali impedimenti.

Questo non toglie che, in caso di necessità, se la mamma ha bisogno di assentarsi, il tiralatte permette di avere una scorta di latte materno da utilizzare all'occorrenza.

Un altro periodo molto importante in cui il tiralatte si rivela fondamentale è quello del rientro al lavoro dopo la maternità. Il tempo trascorso lontano dal bambino comporta la riduzione delle poppate e la conseguente riduzione della produzione di latte. Aiutarsi con un tiralatte svolge due funzioni: da un lato permette di avere una scorta di latte materno da continuare a somministrare al bambino; dall'altro permette di mantenere attiva la stimolazione del seno e la produzione di latte.

Molte mamme vivono il rientro al lavoro come la fine della possibilità di allattare il proprio bambino. È importante spiegare che non è così, che moltissime mamme proseguono nel percorso di allattamento anche dopo il rientro al lavoro. Quello che cambia da esperienza ad esperienza sono le modalità e le scelte che una mamma può fare.

Per mantenere la produzione di latte, quando una mamma rientra al lavoro, è sicuramente utile poter contare su un buon tiralatte che possa favorire la stimolazione del seno quando mamma e bambino sono lontani (ovviamente ogni mamma dovrà capire se, sul luogo di lavoro, avrà la possibilità di prendersi una pausa e se avrà a disposizione un luogo appartato in cui spremere il latte). È inoltre importante mantenere le poppate quando mamma e bambino sono insieme (prima di uscire per andare al lavoro, appena si rientra a casa, la notte, i weekend, in vacanza). Il latte non scomparirà. Sicuramente diminuirà perché la frequenza delle poppate sarà inferiore, ma senza dubbio continuerà a soddisfare le esigenze del proprio bambino.

In altri periodi il tiralatte può essere utilizzato al bisogno, sia per risolvere situazioni di ingorgo mammario se la poppata non è sufficiente sia per conservare alcune dosi di latte da utilizzare in caso di necessità se la mamma ha necessità di allontanarsi.

Il tiralatte diventa fondamentale anche nel caso in cui venga prescritta l'aggiunta per recuperare eventuali cali di peso. È bene ricordare che anche in caso di aggiunta, questa debba essere in primo luogo di latte materno. Il bambino potrebbe non crescere adeguatamente perché fatica a poppare, si addormenta facilmente, ha un attacco non corretto. Non necessariamente perché la mamma non ha abbastanza latte. Questo permette all'aggiunta di non rappresentare un interferente determinante per l'allattamento e di tornare più facilmente ad un allattamento esclusivo quando le condizioni lo consentiranno.

Come scegliere il tiralatte?

In commercio ne esistono di molti tipi.

La prima differenza è tra tiralatte manuale e tiralatte elettrico. La spremitura ideale resterà sempre la spremitura manuale, effettuata senza l'ausilio di

tiralatte. Sicuramente la spremitura manuale richiede un periodo di pratica e allenamento. Il tiralatte è un facilitatore. Nella scelta del tiralatte è importante tenere conto che la potenza non sarà mai paragonabile alla suzione del proprio bambino per cui non è scontato che quanto tirato con il tiralatte sia esattamente la stessa quantità che ha a disposizione il bambino quando succhia. Il tiralatte manuale, così come il tiralatte a batteria, hanno una potenza minore e spesso la stimolazione e la spremitura risultano inefficaci. È possibile che ci siano donne che dicano di essersi trovate bene con entrambi questi modelli. È però altrettanto importante sapere che potrebbe trattarsi di donne particolarmente rispondenti a questo tipo di stimolazione. La potenza di questi strumenti non è tendenzialmente sufficiente a garantire una stimolazione efficace e una produzione soddisfacente.
Il tiralatte elettrico invece può garantire la potenza sufficiente per stimolare la produzione e per ottenere una quantità adeguata.

Ogni donna necessita di trovare il proprio tiralatte.
Elementi che incidono sulla valutazione di quale tiralatte acquistare sono:

- l'età del bambino (e quindi la quantità di latte necessaria);
- la dimensione del seno e del capezzolo;
- la struttura in cui viene usato (presenza di prese elettriche ecc.);
- quanto facilmente il tiralatte possa essere pulito;
- quanto sia comodo, confortevole e costoso rispetto all'uso che si pensa di farne.

L'aspetto principale resta il fatto che l'estrazione del latte non debba essere dolorosa. È importante fermarsi laddove si sentano sensazioni fastidiose e controllare cosa determina questa sensazione. A volte la coppa del tiralatte potrebbe essere troppo piccola e comportare uno sfregamento. In questo caso, nonostante i tiralatte vengano sempre venduti con una coppa in dotazione (solitamente la misura media) è possibile richiedere alla casa produttrice l'invio di una flangia di dimensioni differenti. La dimensione della flangia compromette frequentemente anche l'efficacia della spremitura e la quantità di latte che si riesce a estrarre.

È bene sapere che molte farmacie permettono il noleggio del tiralatte. Le farmacie mettono a disposizione il motore e deve poi essere acquistato solo il kit per la conservazione. Questo permetterebbe di ridurre sensibilmente i costi. Il noleggio è da valutare in base alla lunghezza del periodo durante il quale si vuole utilizzare: più si pensa di tenerlo e utilizzarlo minore è la convenienza del noleggio e maggiore è quella dell'acquisto per sé.

Quanto latte spremere?

Di base, può essere utile fare "tante" scorte di piccole quantità (da 30 a 60 ml) e congelarle. Questo permette di evitare di gettare via del latte e consente di scongelare e utilizzare solo la quantità necessaria. In questo caso è ovviamente possibile mettere insieme più dosi per raggiungere il quantitativo necessario. In presenza di bambini più grandi per i quali la mamma riesce a stabilire con abbastanza certezza le quantità consumate, si possono fare scorte più grandi, più comode da gestire tutte in una volta.

Il latte può essere conservato e congelato in piccoli sacchetti appositi, in contenitori di plastica oppure nelle forme che servono per fare i cubetti di ghiaccio – i cubetti possono poi essere messi in un sacchettino di plastica con la data della spremitura. L'importante è poter sempre avere chiara quale sia la dose contenuta per evitare di scongelare dosi troppo grandi che verrebbero avanzate e sarebbero da gettare.

È possibile unire diverse quantità di latte materno, l'importante è che al momento dell'unione le dosi si trovino alla stessa temperatura. Ad esempio, se si effettuano più spremiture durante la giornata è possibile unire le varie spremiture. Se il latte spremuto viene conservato in frigorifero allora anche il nuovo latte deve prima essere messo a raffreddare in frigorifero per poi essere unito al precedente.

Nella tabella che segue sono contenute le indicazioni per la corretta conservazione e consumazione del latte materno spremuto.

Latte	Tenuto dove	Temperatura	Ideale/accettabile
Fresco*	Temperatura ambiente	26°	Dalle 4 alle 6 ore
Fresco*	Frigo (parte più fredda)	<4°	Dai 4 agli 8 giorni
Fresco*	Congelatore frigo a 2 porte	–18°	Dai 3 ai 6 mesi
Fresco*	Congelatore separato	–20°	Dai 6 ai 12 mesi
Congelato	Risposto nel frigorifero	<4°	Entro 24 ore
Congelato	Temperatura ambiente	26°	Massimo 8 ore

*Per fresco si intende appena spremuto

È importante sapere che il latte congelato, una volta scongelato non può più essere ricongelato.

Per riscaldare il latte (ad esempio quello estratto dal frigorifero) l'ideale è procedere a bagnomaria immergendo il contenitore in un po' d'acqua e portando l'acqua a ebollizione.

Pur essendo la modalità più comoda è sconsigliato l'utilizzo del microonde perché rappresenta un tipo di cottura che fa perdere alcune proprietà fondamentali al latte materno (in particolare gli anticorpi). È chiaro che se la situazione impone un riscaldamento rapido anche il microonde può essere utilizzato. L'importante è sapere che l'ideale sarebbe riscaldare il latte con una maggior calma utilizzando la modalità a bagnomaria.

Se il latte è stato riscaldato e il bambino lo ha avanzato dopo la poppata è possibile utilizzarlo entro 2 ore, altrimenti non è più riutilizzabile (per questo vengono consigliate porzioni piuttosto piccole, in modo da gestire meglio le quantità ed evitare che venga avanzato).

Quando bisogna scongelare il latte è utile partire dal latte più vecchio (per questo è importante segnare sui contenitori – ad esempio utilizzando un'etichetta adesiva o uno scotch di carta – la data di spremitura).

Se il latte da utilizzare è congelato è bene estrarlo la sera prima del giorno dell'utilizzo e metterlo a scongelare nel frigorifero. Se invece si ha fretta è comunque possibile scaldare il latte congelato direttamente a bagnomaria (ci vorrà un po' più di tempo rispetto a scaldare il latte estratto dal frigorifero e già scongelato) o, nei casi più urgenti, nel microonde.

Prima di proporre il latte al bambino è bene scuotere dolcemente il contenitore per rimescolare la parte più cremosa che sale verso la superficie durante la conservazione.

Quando spremere il latte?

Anche in questo caso non esiste una regola valida per tutti e, soprattutto, il momento della spremitura deve essere quello adatto per ogni mamma.

Alcune mamme preferiscono spremere il latte la mattina, quando la pausa di solito più prolungata della notte, permette di averne a disposizione di più e quando si è più riposate e rilassate.

Altre mamme invece preferiscono tirarsi il latte proprio durante la poppata, dal seno che in quel momento non è utilizzato. Mentre il bambino succhia da una parte, il riflesso di emissione è stimolato anche dall'altro seno e l'estrazione è più efficace.

Altre ancora preferiscono usare il tiralatte per terminare di svuotare il seno dopo una poppata, per drenare quel che rimane ed evitare ingorghi (attenzione che il seno non sarà mai completamente vuoto: finché il seno verrà stimolato questo produrrà latte).

Ma i metodi e le preferenze per la spremitura dipendono davvero da donna a donna e da situazione a situazione. Per questo quelli elencati sopra vanno interpretati esclusivamente come spunti ma ogni mamma è libera di trovare il proprio sistema.

È fondamentale sottolineare che qualsiasi tiralatte si deciderà di utilizzare, questo non riprodurrà mai fedelmente la suzione del bambino. È quindi abbastanza controproducente misurare la produzione di latte basandosi sul latte estratto. Il tiralatte estrarrà sempre una quantità ridotta di latte rispetto a quella che avrebbe estratto il bambino succhiando direttamente dal seno. Inoltre, estrarre il latte è un'arte che si impara pian piano: non bisogna scoraggiarsi se le prime volte che si utilizza un tiralatte non si riesce ad estrarre nemmeno una goccia di latte. Non significa che il latte non sia presente, significa solo che non si è riusciti ad estrarlo.

DONAZIONE DEL LATTE MATERNO

Ci tengo particolarmente a un piccolo approfondimento sulla possibilità di donare il proprio latte, per tutte le mamme che lo desiderano.

La donazione del latte materno è un gesto che può fare davvero la differenza. Il latte materno donato viene utilizzato nei reparti di neonatologia e terapia intensiva degli ospedali, soprattutto per i bambini prematuri o che nascono con particolari patologie. A un bambino prematuro sono sufficienti pochissimi cc di latte (nei prematuri gravi bastano 20 cc di latte al giorno) e anche poche gocce di latte materno riducono notevolmente il rischio di infezioni aumentando la possibilità di sopravvivenza e accorciando il tempo del ricovero.

Possono donare il latte tutte le mamme che lo desiderano, dopo il primo mese di allattamento ed entro il dodicesimo. Per donare è sufficiente chiedere al proprio ospedale se effettuano la raccolta e la conservazione del latte donato e ci si accorda per le modalità di consegna. Molti ospedali chiedono alla mamma di recarsi in ospedale, quando vuole, e le mettono a disposizione un tiralatte professionale. Altri danno la possibilità di tirare il latte e conservarlo a casa propria, per poi portare in ospedale le scorte. Altri ancora hanno organizzato una rete per il ritiro a domicilio del latte tirato e conservato. L'ospedale consegna alla mamma donatrice una serie di contenitori per la conservazione. Ogni contenitore va etichettato con il nome della donatrice e la data della spremitura.

Nel momento in cui una mamma desidera donare il proprio latte le verranno prescritti degli esami del sangue e si procederà ad una prima piccola donazione per esaminare anche il latte. Una volta ottenuto il via libera da parte dell'ospedale sulla base dei risultati delle analisi, la mamma sarà completamente libera di donare quando vuole e quanto latte vuole. Non esistono quantità minime, ogni goccia di latte materno può fare la differenza.

Il momento migliore per spremere il latte da donare è sempre una libera scelta della mamma: la donazione deve rappresentare un momento piacevole di solidarietà e non un aggravio ulteriore per la mamma. Proprio per questo non esistono vincoli né nelle quantità da donare, né nella frequenza con cui consegnare le scorte di latte. Molte mamme testimoniano che il momento migliore per tirare il latte sarebbe quello al termine della poppata del proprio bambino, quando il seno è già stimolato. Questo favorirebbe il completo svuotamento del seno, la riduzione del rischio di ingorgo e un aumento della stimolazione della produzione di nuovo latte. Nell'arco delle 24 ore è possibile effettuare più spremiture ed unire le varie dosi (ricordandosi che il latte va unito solo alla stessa temperatura – per cui, ad esempio, per unire più dosi si possono conservare le varie spremiture nel frigorifero ed entro sera unirle tutte insieme per poi congelarle in un unico contenitore).

È possibile anche effettuare una sola donazione o donare solo per un breve periodo. Per questo bisogna sgombrare il campo dal dubbio di poter o meno mantenere l'impegno. È possibile provare senza nessun vincolo e comprendere se questo gesto è compatibile con la propria situazione. Ci sarà chi riuscirà a donare costantemente e chi, invece, effettuerà una sola donazione. È importante sapere che anche quell'unica volta, per un bambino prematuro o in terapia intensiva potrebbe essere decisiva.

Purtroppo, non sono ancora molti gli ospedali che hanno attivato il servizio di conservazione del latte materno. L'obiettivo è ampliare sempre più questa rete e lo stesso interesse espresso dalle mamme sarà un volano di sviluppo e di sensibilità verso questo tema.

U

UTILITÀ

Quali sono le cose utili da acquistare per l'allattamento?

Innanzitutto è importante fare una riflessione di fondo: l'allattamento è un comportamento naturale che, tra i numerosi vantaggi, dovrebbe includere anche quello della semplicità. Anche se spesso l'allattamento attraversa una fase complessa, legata in particolare all'avvio, è importante che con il tempo la mamma possa apprezzare il fatto che molti aspetti possano essere facilitati rispetto all'allattamento artificiale.

Per questo motivo è importante non esagerare con gli acquisti fatti in funzione dell'allattamento. Sicuramente ci sono acquisti che potrebbero aiutare ma nessuno di questi è realmente indispensabile. L'allattamento può avvenire a costo zero.

Come anticipato, però, possono esserci degli acquisti che possono tornare utili. Sicuramente è importante cercare di fare chiarezza per evitare esborsi economici che sono totalmente contrari a quello che è uno dei vantaggi dell'allattamento, ossia l'economicità (alcune stime indicano che, nei primi 6 mesi di vita del bambino, l'allattamento al seno consentirebbe un risparmio netto tra i 650 e gli 850 € e più, a seconda della marca e delle caratteristiche del latte artificiale scelto).

Quali sono quindi gli acquisti da valutare in maniera mirata?

- **Lanolina**: si tratta di una crema molto densa e molto idratante. È la più appropriata nel periodo di rimarginazione delle ragadi al seno. In presenza di ragadi la prima cosa da fare, indispensabile per risolvere la causa delle ragadi è contattare una consulente allattamento professionale (IBCLC). Le ragadi sono causate da un attacco scorretto del bambino ed è necessario correggere l'attacco per permettere alle ragadi di guarire.

La lanolina può portare conforto perché ammorbidisce la pelle intorno e permette una cicatrizzazione delle ragadi. La lanolina può essere utilizzata anche in assenza di ragadi se si avverte che la pelle intorno al capezzolo sia particolarmente irritata o sensibile. Essendo un prodotto completamente naturale può essere utilizzata anche subito prima dell'attacco del bambino al seno e il bambino può ingerirla.

In commercio esistono tantissimi prodotti venduti per il trattamento delle ragadi. Nessuno è rigidamente controindicato ma è bene sapere che il prodotto migliore per trattare le ragadi è la lanolina. È importante però anche chiarire che la lanolina senza la correzione dell'attacco del bambino (da far seguire da una consulente certificata in allattamento) non potrà risolvere il problema.

- **Coppette assorbilatte**: si tratta di dischetti che hanno la funzione di assorbire il latte che il seno potrebbe perdere nella fase di calibrazione. Sul mercato si trovano coppette assorbilatte usa e getta o coppette assorbilatte di stoffa lavabili e riutilizzabili. Le coppette assorbilatte sarebbero da utilizzare solo nel caso in cui ci si trovasse fuori casa per non macchiare i vestiti. In casa, invece, l'ideale sarebbe non indossare il reggiseno e lasciare il seno libero, soprattutto durante le prime settimane. Lo sfregamento di qualsiasi indumento o superficie direttamente a contatto del capezzolo potrebbe irritare una parte già fortemente sollecitata.

  Attenzione a non confondere le coppette assorbilatte con le coppette d'argento che sono invece altamente sconsigliate. Nonostante un certo retaggio culturale porti ancora alcuni operatori del settore o alcune nonne a suggerirne l'utilizzo, gli studi hanno dimostrato che l'efficacia non è così alta e le coppette in argento possono creare alcune complicazioni quali: reazioni allergiche ad alcuni componenti (il rischio che ci sia una leggera presenza di nichel c'è), ipersensibilizzazione da sfregamento e, nei casi peggiori, candida.

- **Cuscino allattamento**: si tratta di un sostegno morbido che aiuta la mamma che allatta a mantenere in posizione il bambino senza affaticare il braccio che lo sostiene. In commercio esistono cuscini allattamento di ogni dimensione e di ogni materiale. Vale la pena, prima di procedere all'acquisto, fare una prova, se possibile. Alcune mamme si trovano bene con i modelli lunghi, altre con i modelli corti; alcune con quelli più "pieni", altre con quelli più bassi. Non ne esiste uno migliore in assoluto perché molto dipende dall'equilibrio armonioso della diade mamma/bambino. Sicuramente il cuscino allattamento, una volta trovato quello che soddisfa al meglio le proprie esigenze, diventa un supporto molto comodo per rilassarsi durante la poppata mantenendo il bambino in posizione senza sforzi.

- **Tiralatte**: l'acquisto è da valutare in base alla reale necessità che si potrebbe presentare. Inoltre, non è necessario procedere direttamente all'acquisto. Molte farmacie effettuano un servizio di noleggio, in modo che ogni mamma possa prima verificare come si trova (la mamma dovrà acquistare le parti a diretto contatto con il corpo e quelle che servono per la conservazione, mentre la parte elettrica si può noleggiare).

Per ulteriori informazioni si rimanda al capitolo T – Tiralatte.

- **Bavaglini e asciugamani**: durante l'allattamento è frequente che sia necessario avere a portata di mano bavaglini e asciugamani, sia per gestire il latte che potrebbe iniziare a uscire dal seno non interessato dalla poppata (si può valutare di raccogliere questo latte e conservarlo) sia per proteggersi dai rigurgiti.
- **Reggiseni o indumenti allattamento**: anche in questo caso non si tratta di acquisti fondamentali ma di acquisti che potrebbero semplificarne la gestione soprattutto quando si allatta fuori casa. Si tratta di indumenti che permettono agevolmente di scoprire il seno senza spogliarsi completamente o senza ricorrere a posizioni e manovre scomode.
- **Fascia portabebé**: è davvero molto utile per permettere alla mamma di muoversi liberamente, tenendo il bambino in braccio, senza sentirsi "impedita" o "in ostaggio" e poter avere le mani libere per fare altro. Non tutte le diadi amano portare in fascia ma di solito chi prova una fascia si accorge subito della comodità. Anche per l'allattamento. Il bambino essendo a contatto diretto con la mamma solitamente è un bambino più sereno e tranquillo perché trova soddisfatto il suo bisogno primario di contatto e rassicurazione (il bambino può essere portato in fascia fin dai primissimi giorni dopo il parto). L'allattamento è favorito e anche più comodo perché può

essere svolto direttamente in fascia. Molte mamme sottolineano i vantaggi soprattutto quando ci sono altri bambini più grandi a cui badare. Avere il bebè con sé aiuta a gestire tutto nel migliore dei modi.

Il bambino può essere portato fin dal primo giorno dopo la nascita dato che la posizione in fascia ricalca esattamente la posizione raccolta che aveva nella fascia.

Per la scelta della fascia è molto utile recarsi in una "fascioteca" per farsi consigliare da un'esperta di babywearing il modello migliore per la diade. L'esperta di babywearing potrà anche spiegare in breve le legature possibili (molte mamme si spaventano proprio della difficoltà di legare il bambino. In realtà una volta sperimentate le legature, riprodurle sarà solo questione di pratica).

Per essere molto concreti, quindi, nessun acquisto è realmente indispensabile per allattare al seno. L'allattamento è un comportamento istintivo e naturale che, proprio per questo, può essere messo in pratica in qualsiasi situazione e in qualsiasi condizione economica.

L'investimento economico migliore che si possa fare, quindi, è quello di una consulenza specifica con una professionista certificata (consulente IBCLC) che possa affiancare nell'avvio dell'allattamento e permettere alla mamma di sistemare situazioni dubbie e chiarire qualsiasi preoccupazione la possa mettere in difficoltà.

V

VIZIO

E se poi prende il vizio?

Questa è una delle domande che molte mamme che allattano si sentono ancora porre. In realtà, anche se nessuno fa questa domanda esplicitamente, sono le stesse mamme a chiederselo.

L'allattamento è obiettivamente una fase molto faticosa, soprattutto all'inizio. La maggior parte dei bambini cerca il seno anche 12 volte al giorno (e oltre). Questa dipendenza porta le mamme a cercare di contenere e dare dei limiti alla richiesta. Oggi ancora più di prima. Perché siamo donne indipendenti, donne che si sono conquistate la propria libertà e che hanno riempito le proprie vite di passioni e di interessi. Meno disposte a sacrificare i propri spazi e il proprio tempo.

E questo è assolutamente normale: fa parte della conquista delle donne. Nessun giudizio, nessun commento. Se vogliamo, è anche giusto così. **Annullarsi non è mai la scelta corretta, nemmeno quando lo si fa per i figli.** È importantissimo mantenere una propria individualità come persone e come donne, prima che come madri e come compagne.

L'allattamento mette spesso in discussione questa posizione. In molti casi diventa un'esperienza totalizzante.

È importante però non confondere tutto questo con un "vizio".

Si tratta di un'esigenza. Un'esigenza reale del bambino. Ci saranno sempre bambini più regolari che istintivamente avranno poppate più distanziate, più veloci e che abbandoneranno presto la poppata notturna.

Ma la maggior parte dei neonati avranno poppate irregolari almeno fino ai 2 mesi, poppate molto lunghe fino ai 3 mesi e continueranno a svegliarsi anche ripetutamente di notte ben oltre lo svezzamento.

Si tratta di bambini ad alto contatto, bambini che necessitano di essere rassicurati, bambini che chiedono una coccola in più, che cercano la vicinanza fisica. E cercare affetto non potrà mai essere definito un "vizio".

Anche i bambini non allattati presentano comportamenti molto simili: toccano i capelli della mamma, danno pizzicotti sul collo, non vogliono stare con altre persone. Non cercano il seno semplicemente perché non gli è stata proposta come possibilità. I bambini allattati, invece, sanno di poter trovare conforto in quel gesto così intimo e sicuro.

Quindi no, **allattare non è mai un vizio**. Nemmeno quando l'allattamento si prolunga oltre i 2 anni. Semplicemente è quel gesto sicuro che il bambino ricerca quando ne ha bisogno (quando è stanco, quando è triste, quando è nervoso, quando avverte qualche fastidio, quando è ammalato, quando si è fatto male, quando è stato sgridato).

Chiarito questo punto fondamentale, bisogna però ammettere che a volte l'allattamento possa diventare "soffocante" per una mamma. Questa costante richiesta del seno, in certi casi, è bene provare a limitarla. Non tanto per "togliere un vizio", quanto perché anche la mamma ha la necessità di vivere l'allattamento serenamente, senza che questo arrivi al punto da rappresentare una privazione anziché un arricchimento.

Quindi è normale, da mamma, avere l'esigenza di regolare le poppate, per avere un po' di respiro e riuscire a recuperare qualche spazio anche per sé.

Iniziamo col dire che durante il primo mese sarebbe opportuno non porre nessun limite. Per i primi 40 giorni è importante che il corpo della mamma assecondi le richieste del bambino, anche quando sembrano eccessive, anche quando ci si sente annullate dall'allattamento, anche quando la stanchezza supera livelli mai conosciuti in precedenza.

Il primo mese è richiesto davvero alla mamma di dedicarsi completamente al proprio bambino, di mettersi a completa disposizione e dare tempo al bambino di iniziare a conoscere il mondo senza che si senta spaventato e minacciato. Allattare lo rassicura. Lo riporta dentro quel nido caldo che è stata la sua casa per nove mesi.

Il bambino per nove mesi è sempre stato a contatto con la sua mamma, non ha mai avvertito stimoli se non quelli attutiti che attraversavano le pareti che lo proteggevano. Ha sempre avuto cibo a disposizione, 24 ore al giorno, senza pause. Non ha mai avvertito lo stimolo della fame, quello del mal di pancia. Non ha mai avuto freddo o caldo. Non ha mai sentito tutti quei rumori, visto tutte quelle luci. Non ha nemmeno mai sentito il silenzio, perché il battito del cuore e i rumori interni del liquido amniotico lo hanno sempre accompagnato. Per questo molti bambini di notte si svegliano più spaventati e si tranquillizzano solo con un rumore costante in sottofondo.

Dopo i primi 40 giorni sarà lo stesso bambino, piano piano, ad allungare il tempo tra una poppata e l'altra e a ridurne la durata. Questo potrebbe non avvenire da un giorno all'altro, ma essere molto molto graduale.

I primi veri cambiamenti si verificano intorno al terzo mese. Quando il bambino crescendo aumenta l'interazione con il mondo circostante, quando ha acquisito una piccola sicurezza e cercherà il seno con minore frequenza.

Detto questo però, in ogni fase di crescita, ci possono essere delle "regressioni" anche su questo aspetto. Alcune volte si tratta di "scatti di crescita", altre volte può coincidere con momenti di forte cambiamento (l'inserimento al nido, il rientro al lavoro della mamma ecc.) oppure con situazioni di difficoltà (i dentini, un brutto raffreddore ecc.).

In queste situazioni l'unico consiglio utile è quello di assecondare la richiesta per rassicurare il bambino. Più rassicurazione e disponibilità diamo al bambino, minore sarà la durata di questa regressione. È molto frequente, come abbiamo già avuto modo di spiegare, che i bisogni soddisfatti presto scompaiono, mentre i bisogni non soddisfatti rimangono sempre in attesa di risposta, latenti, pronti a riemergere.

In condizioni normali, vediamo quali possono essere i consigli pratici per provare a gestire l'allattamento in maniera positiva e non farlo mai diventare un'esperienza vissuta negativamente dalla mamma.

- **Il ciuccio**: l'utilizzo del ciuccio viene spesso "demonizzato". In realtà il ciuccio simula la suzione del seno ed è il più utile oggetto consolatorio per qualsiasi bambino. Sarebbe bene non utilizzare il ciuccio fino a quando l'allattamento non si è avviato in maniera efficace, almeno per il primo mese. Anche se potrebbe sembrare durante i primi mesi che il seno possa sopperire a questa esigenza di consolazione del bambino, arriverà un momento in cui avere un oggetto consolatorio diventerà molto utile, anche per il bambino stesso. Poter contare sul suo ciuccio quando magari la mamma non c'è diventerà sempre più importante e anche se adesso il bambino sembra ricevere tutto il necessario dall'allattamento, arriverà un momento in cui sarà utile avere un oggetto da proporre in alternativa. L'importante è scegliere sempre con grande consapevolezza quando usarlo, con quale frequenza e in quali occasioni.

- **Un'altra persona**: dare in braccio il bambino a una persona diversa dalla mamma può essere utile per evitare che il bambino, sentendo l'odore della mamma e del latte, istintivamente lo cerchi in continuazione.
- **Anticipare la richiesta**: rispondere ai primi segnali della fame mette il bambino nella condizione di sicurezza e tranquillità. Ai primi segni di irrequietezza potrebbe essere opportuno proporre il seno, per evitare che il bambino arrivi troppo affamato o troppo nervoso alla poppata, rendendola agitata e sfiancante.
- **Passeggiare**: fare lunghe passeggiate all'aperto rilassa i bambini che dormiranno per la maggior parte del tempo, lasciando prendere fiato alla mamma. Ovviamente sarà comunque difficile che un neonato regga più di 3 ore senza mangiare, per questo è necessario organizzarsi per rientrare oppure per allattare in un posto tranquillo.
- **Tirare il latte**: non è sicuramente la prima soluzione da consigliare ma è quella che permette alle mamme di prendersi più ore per andare lontano da casa senza la preoccupazione di dover rientrare per allattare il proprio bambino. Resta una comodità da usare solo in caso di reale necessità perché niente può sostituire la suzione naturale del bambino come stimolo per la produzione di latte.

È invece assolutamente sconsigliato offrire al bambino tisane o acqua. Queste danno al bambino la sensazione di sazietà creando un ostacolo alla produzione di latte che deve assestarsi sulle reali richieste del bambino. Dare acqua o tisane riduce la produzione di latte materno perché il seno viene stimolato meno.

Ma **cos'è l'attaccamento che spesso viene confuso con il vizio?**

Attaccamento non significa dipendenza! L'attaccamento non è la mancanza di autonomia. L'attaccamento rappresenta un aspetto fortemente positivo: è solo grazie all'attaccamento, in realtà, che un bambino diventa autonomo. È grazie a un attaccamento condiviso e corrisposto che il bambino acquista sicurezza e prende coraggio per sperimentare il mondo.

I bambini seguono un processo evolutivo per quanto riguarda lo sviluppo dell'attaccamento. È importante quindi guardare all'attaccamento in maniera consapevole, senza trarre conclusioni approssimative e semplicistiche, senza ridurle a frasi banali come "guarda che sta sempre in braccio, lo hai viziato". È importante valutare se l'attaccamento presentato da un bambino sia fisiologico o patologico riportandolo alla sua specifica fase di crescita e alla sua personale situazione.

L'attaccamento è una condizione che va ben oltre l'aspetto nutrizionale. Sicuramente è possibile dire che l'allattamento al seno predispone al legame di attaccamento per le modalità con cui l'allattamento stesso avviene: per i ritmi con cui avviene, per la durata della poppata, per come la mamma si approccia al bambino. Questo non significa che il passaggio al biberon riduca l'attaccamento, anzi: non si tratta del tipo di latte che viene somministrato ma delle modalità con cui quel momento viene vissuto dalla diade.

È fisiologico che un bambino fino almeno ai 3 anni fatichi ad accettare di rimanere senza la sua mamma. L'attaccamento sano prevede che il bambino manifesti disagio e tristezza se la mamma si allontana ma si tranquillizza quando la mamma torna. L'aspettativa che un bambino "stia con chiunque" non risponde all'istinto naturale che ogni cucciolo ha di fidarsi solo dei suoi genitori e della sua mamma in particolare.

Per entrare nel dettaglio dell'allattamento, come anticipato, oltre a soddisfare un bisogno istintivo di nutrizione, l'allattamento costituisce un'opportunità grandissima di costruzione di un rapporto sano e positivo attraverso il contatto pelle a pelle, la produzione e trasmissione di meccanismi ormonali che favoriscono la sintonia e l'intimità. Ricerche scientifiche hanno dimostrato che l'allattamento al seno condiziona il modo in cui, da un punto di vista comunicazionale e relazionale, quel bambino si approccerà al mondo. Si tratta spesso di bambini più pazienti, più empatici, più propensi al contatto fisico.

È questa la spiegazione che è giusto dare quando si valorizzano gli aspetti positivi dell'allattamento dal punto di vista relazionale. Questo non sminuisce in nessun modo l'utilizzo del biberon: una mamma serena potrà senza dubbio trasmettere molto di quello di cui abbiamo parlato. L'allattamento lo rende semplicemente più semplice e naturale, proprio per tutte le dinamiche che si creano intorno, sia relazionali, sia fisiche, sia fisiologiche.

Per questo motivo, anche la critica che molte mamme che allattano si sentono rivolgere sul fatto che il bambino abbia preso il seno come ciuccio è priva di qualsiasi fondamento. I neonati si attaccavano al seno ben prima dell'invenzione del ciuccio. Quindi semmai è il ciuccio che ha sopperito alla funzione del seno, non il contrario. La suzione non nutritiva che molti bambini fanno (quella che spinge a credere che il bambino abbia preso il seno come ciuccio) porta con sé aspetti molto positivi: innanzitutto aiuta il bambino a rilassarsi e tranquillizzarsi; poi aiuta a sviluppare un legame di contatto che non sia limitato agli aspetti esclusivamente nutritivi; infine si tratta di suzioni che favoriscono lo sviluppo dei muscoli oro facciali e del controllo di questi (questo renderà le suzioni sempre più efficaci e saranno molto utili anche ai fini dello svezzamento e di tutte quelle azioni collegate ai movimenti facciali, come ad esempio la parola).

Purtroppo, queste frasi negative che le mamme che allattano si sentono rivolgere ("e se poi prende il vizio?" o "e se poi scambia il seno per un ciuccio?") compromettono in maniera rilevante l'allattamento. La mamma, influenzata da osservazioni e giudizi sul suo modo di rispondere alle richieste del proprio figlio, finisce per vedere nella richiesta frequente una minaccia anziché una dinamica naturale e necessaria, tipica di qualsiasi cucciolo. In questo contesto, sarà la stessa mamma a crearsi inutili problemi sulla gestione dell'allattamento. Imponendosi magari delle rigide regole da rispettare per evitare questo inesistente "pericolo". La risposta immediata e la soddisfazione di un bisogno espresso dal bambino sono molto più naturali di quanto si voglia far credere. Se si accetta questa visione, la responsabilità della mamma diminuisce. Il compito di quando e quanto poppare sarà un compito del bambino a cui la mamma dovrà semplicemente dare risposta. Non sarà la mamma a dover regolare queste richieste, non è necessario e non è nemmeno quello che la natura ha previsto.

Inoltre, è importante sapere che esistono almeno due situazioni particolari che potrebbero far credere che il bambino abbia preso il seno per un ciuccio mentre invece esiste una reale spiegazione.

La prima sono le "**poppate a grappolo**", richieste molto frequenti e spesso nervose che il bambino fa soprattutto in orario serale. Pur essendo richieste che innervosiscono molto la mamma e che potrebbero insinuare il dubbio di non avere abbastanza latte, in realtà servono a stimolare un aumento nella produzione di latte. Se queste poppate vengono "sedate" con l'utilizzo di un ciuccio, lo sforzo che il bambino sta facendo per spiegare al corpo della mamma di quanto latte ha realmente bisogno viene annullato.

La seconda situazione che può presentarsi è legata agli "**scatti di crescita**", periodi più o meno lunghi (da pochi giorni a una settimana) in cui il bambino chiede di poppare più spesso, anche durante la notte. Questo può capitare quando il ritmo di crescita del bambino subisce un'accelerata e lui ha bisogno che il corpo della mamma produca più latte. Chiedendone di più, più spesso, la produzione di latte aumenta e, se questa richiesta viene soddisfatta senza porre limiti, in pochi giorni si potrà tornare alla normalità.

Quindi, non ha nessun senso e nemmeno nessun riscontro empirico che l'allattamento possa diventare un "vizio". L'allattamento al seno è una risposta, quasi sempre quella giusta, al bisogno di un neonato non solo di essere nutrito ma anche di essere rassicurato, tranquillizzato e soddisfatto dalla sua mamma. E tutti i bisogni soddisfatti prima o poi svaniscono, mentre le richieste non soddisfatte restano latenti per poi chiedere risposte in comportamenti e modalità spesso incomprensibili. Alla luce di questo, il concetto di "vizio" legato all'allattamento perde di qualsiasi fondatezza e anzi, diventa un grandissimo errore.

Z

ZAPPING

È inutile negarlo: ogni esperienza è a sé. Ogni bambino è a sé, ogni mamma è a sé, ogni famiglia è a sé. Non è possibile pretendere che esistano delle regole che vadano bene per tutti, delle abitudini che si allineino con le dinamiche e gli equilibri con cui ognuno ha a che fare.

Spesso il confronto con altre mamme e con le esperienze che hanno affrontato può essere risolutivo, altre volte può confondere. Nella maggior parte dei casi però, il confronto aiuta a sentirsi meno sole, meno in difficoltà e rassicura su come proseguire o su che strada prendere.

Per questo concludo questo libro dando voce alle mamme e alla loro esperienza, ai loro problemi, alle difficoltà, alle soluzioni. Ai momenti di crisi o al giusto atteggiamento. Ognuna con la propria chiave di lettura che possa aiutare altre mamme a vivere serenamente una fase importante della crescita del proprio bambino.

Paola, 46 anni.
Mamma di Simone e Linda.
Ho due bambini: Simone nato nel 2009 e Linda nata nel 2015. Ho fatto esperienza dell'allattamento con 6 anni di differenza. Tra la prima e la seconda volta molte cose sono cambiate, sia a livello di consigli esterni sia nel mio modo di viverla.
Per entrambi avevo un gran desiderio di allattare: conoscevo l'importanza del latte materno e soprattutto avevo ben chiari i vantaggi pratici. Nessun biberon da scaldare, nessuna miscela da preparare, nessuno sterilizzatore, nessun misuratore (sono una pigrona!)...e ultimo ma non banale...è gratis!

Inizialmente per entrambi ho sofferto un forte dolore ai capezzoli, avevo piccoli taglietti, ho provato cremine che non hanno risolto il problema, finché ho chiesto aiuto alla persona giusta. È bastato un piccolo suggerimento: "tolga tutto e tette al vento!!". Mai avrei creduto che quella semplice indicazione, data anche in maniera un po' "tranchant" potesse davvero risolvere la situazione. Un consiglio fantastico e anche per la seconda bimba, con la quale ho riscontrato lo stesso problema iniziale, ho risolto nel medesimo modo.

Un aspetto che ho trovato molto diverso tra la prima e la seconda esperienza è stato il numero di pasti e la gestione. Per Simone mi dicevano di "tenere le ore" tra una poppata e l'altra ma il bambino era sempre affamato e piangeva di continuo. Si capiva che avrebbe avuto bisogno di mangiare più frequentemente. Allora d'istinto mi trovavo ad accorciare un po' i tempi tra le poppate, sentendomi in colpa perché non stavo seguendo pedissequamente le indicazioni. Ogni mese, quando andavo alle visite al consultorio mi allungavano i tempi tra una poppata e l'altra. Tornavo a casa cercando di impegnarmi a seguire le indicazioni e ogni volta facevo davvero fatica. Fatica e frustrazione nel non riuscire a mantenere gli orari.

Per Linda tutto è stato più facile. Primo perché mi sentivo molto più sicura di me stessa, delle mie capacità e del mio istinto, secondo perché le indicazioni erano cambiate e rispondevano molto più adeguatamente a quello che già avevo capito essere il metodo giusto, basandomi semplicemente sull'ascolto del mio bambino! Parlavano di allattamento a richiesta! Benissimo!! Era il "mio metodo", più a sensazione! È anche vero che io con la seconda mi sentivo già pronta e questo non è un aspetto da sottovalutare. Per una neomamma indicazioni più precise aiutano a non sentirsi alla deriva ma spesso sono proprio queste indicazioni rigide che non si adattano al tuo bambino a gettarti nello sconforto (sarebbe l'ideale se ti dicessero: "indicativamente ogni 3 ore ma se il bambino piange...attaccalo!").

Entrambi i bambini li ho allattati fino all'inizio della prima pappa pranzo e cena. Con Simone, che è sempre stato un mangione, lo svezzamento si è rivelato più facile; prendeva le pappe con gusto e non ha fatto fatica a staccarsi dal seno. Invece con Linda il distacco è stato più faticoso: i pasti veri e propri, pranzo e cena, sono iniziati al suo ottavo mese.

L'allattamento per me è stata una bella esperienza, sicuramente difficile all'inizio ma come in tutte le situazioni con un po' di pazienza e malizia si arriva a trovare l'equilibrio ottimale per ogni esperienza.

Alice, 36 anni
Mamma di Alessandro e Beatrice.
Ancora prima della nascita del mio primo figlio sentivo che l'allattamento sarebbe stato parte della mia natura del mio essere mamma. Dopo la nascita infatti mi sono messa subito all'opera con il mio bambino e non senza difficoltà abbiamo avviato l'allattamento.
Premetto che mi ero informata parecchio ed ero così già a conoscenza delle possibili difficoltà che avrei trovato. Fatto questo non irrilevante perché tante volte l'allattamento viene descritto come un'esperienza meravigliosa e quando poi ci si trova realmente nella situazione si è spiazzate e magari si rinuncia solo perché nessuno ci aveva detto, banalmente, che il latte non arriva subito, ma ci mette qualche giorno: nel mio caso 5 giorni che sono sembrati interminabili. Mi hanno dimesso dall'ospedale che ancora il latte non era arrivato e il bambino iniziava ad avere veramente fame. L'angoscia che non potesse arrivare c'è stata ma alla fine, dopo 5 giorni, ne perdevo da ogni parte. Ho allattato a richiesta. Fame, sete, coccole. Alla fine allattavo ogni 3 ore ma a volte anche dopo 10 minuti. Inizialmente ho avuto molto dolore ai capezzoli, con delle piccole ragadi. Ogni volta che il bambino si attaccava mi sembrava che uscissero spine anziché latte.
Passati i primi tempi, ci siamo abituati ai ritmi e il dolore è sparito e l'allattamento è diventata l'esperienza più bella e naturale che potessi fare. Guardare il bambino fare la cosa che gli piaceva di più al mondo e sapere di essere io quel mondo, mi riempiva il cuore di gioia e ricordo ancora adesso quelle sensazioni come se le stessi vivendo tuttora. Col passare dei mesi è arrivata anche una certa regolarità nelle poppate. In effetti, anche se allattavo a richiesta controllavo più o meno gli orari e alla fine siamo arrivati ad avere colazione, spuntino, pranzo, merenda, cena e 1 o 2 poppate di notte. Ogni 3 ore o 4 regolari.
Dopo i 6 mesi abbiamo introdotto un pasto con pappa con poppata subito dopo e pian piano le poppate sono diminuite man mano che abbiamo introdotto altri cibi. Alla fine siamo arrivati ad avere solo la poppata della colazione che abbiamo tenuto fino a 18 mesi quando io mamma ho deciso di smettere per sentirmi più libera.

Con la seconda figlia sono stata un po' più rigida anche per motivi organizzativi. Sempre a richiesta ma avevo deciso di non far addormentare mai la bambina al seno e questo mi ha permesso di togliere presto le poppate notturne. Non so se è stato un caso fortunato ma la bambina si è abituata presto ad addormentarsi nel suo letto e a non svegliarsi per mangiare. Per "presto" intendo comunque non prima di 8/9 mesi. Con Beatrice ho avuto dolore ai capezzoli solo per una settimana poi è diventato tutto piacevole. Le difficoltà con lei le ho avute per altri motivi. Non riuscivo a darle l'esclusiva, avevo Alessandro molto geloso, quasi sempre accanto a me. Questo è stato a mio parere un problema più mio come mamma. Una mia sensazione. Non riuscivo a dedicare tutto il mio pensiero a Beatrice (come ero riuscita a fare con Alessandro quando lo allattavo). Mi sentivo in colpa mentre allattavo Beatrice sia nei confronti di Alessandro perché capivo quanto lui soffrisse nel vedere che mi dedicavo in quel momento solo a sua sorella, sia nei confronti di Beatrice perché sapevo che sarebbe stato giusto pensare solo a lei e che quelli sarebbero dovuti essere i "suoi" momenti.

A 12 mesi mi sentivo già stanca anche perché dovevo badare anche al primo bimbo. Così ho approfittato di un momento in cui la bambina non sembrava più così interessata al seno per concludere serenamente la mia esperienza di allattamento.

Il tutto è stato vissuto sempre in maniera graduale. Anche per Beatrice eravamo arrivati ad avere solo la poppata della colazione. Il momento di disinteresse nei confronti del seno c'era stato anche per Alessandro nello stesso periodo però io volevo andare avanti perché in quel momento non ero pronta a smettere e trovavo ancora comodo dargli la colazione così, quindi avevo insistito e Ale aveva riacquistato interesse. Per un periodo era diventato addirittura assillante, soprattutto durante la notte. È stato più difficile poi smettere con Alessandro. È anche per questo che con Beatrice ho scelto di approfittare del momento in cui ho percepito che si stava ripetendo quello che avevo vissuto con Alessandro.

Catia, 38 anni
Mamma di Alessandro.
La mia esperienza di allattamento non è stata una passeggiata; partorirei altre 10 volte ma non allatterei più (almeno questo è quello che dico sempre). Da un lato io non ero preparata, essendo il primo figlio. Dall'altro, appena nato,

Alessandro faticava ad attaccarsi e questo ha complicato la fase iniziale. Io ero in preda all'ansia che la sopravvivenza di mio figlio dipendesse esclusivamente da me. Lui piangeva e io con lui.
I primi giorni mi sono sentita davvero incapace e inadeguata.
Poi, piano piano, i giorni sono passati, ci siamo conosciuti e abbiamo imparato. L'allattamento è decisamente migliorato ma comunque il pensiero che Alessandro dipendesse esclusivamente da me non riuscivo ad accettarlo.
Per mia scelta, quindi, nonostante il parere contrario della pediatra, già a 1 mese ho voluto inserire qualche poppata di biberon con latte artificiale.
Mi è bastato. Il solo pensiero del biberon mi ha rilassato. E ho poi allattato fino agli 8 mesi di Alessandro, accompagnandolo gradualmente all'autosvezzamento.
A quel punto ho scelto di terminare l'allattamento. Non era più un'esperienza che mi gratificava. Ero stanca e quel gesto mi innervosiva anziché rilassarmi e riempirmi di gioia. Alessandro ha accettato serenamente la mia decisione.
Non ho mai avuto particolari problemi come ragadi, mastite o altro.
L'unica difficoltà si è presentata i primi giorni, quando il bambino si attaccava solo a un seno. L'altro seno quindi era molto teso e dolorante. Poi si è sistemato anche questo aspetto e abbiamo proseguito.
Il mio allattamento non è stato uno di quelli da manuale, di quelli consigliati, di quelli da prendere come esempio.
Eppure è stata un'esperienza che potrebbe capitare a moltissime mamme e condividerla potrebbe far loro capire che non esiste una ricetta unica per allattare serenamente e che l'allattamento non è solo e necessariamente o tutto o niente.
Ogni mamma e ogni bambino sono un mondo a sé e hanno il diritto di ricercare il proprio equilibrio facendo quello che li rende sereni e soddisfatti.

Sonia, 35 anni
Mamma di Tommaso e Niccolò.
Sono mamma di due bambini e le due esperienze di allattamento sono state completamente diverse.
Col primo figlio durante la gravidanza a tutto pensavo fuorché all'allattamento. Ero completamente concentrata sul parto. Al massimo pensavo ai vestitini, alla cameretta e a tutto il contorno.
Con il secondo figlio, invece, il mio pensiero fisso è stato proprio

l'allattamento.
Questo perché la mia prima esperienza non è stata semplicissima. Non ero affatto preparata. Nessuno mi aveva avvisata! Dopo un parto a dir poco perfetto sono cominciate subito le prime difficoltà. La prima notte è stata memorabile: il mio bambino continuava a piangere disperato nel silenzio del reparto. Mi sono subito sentita l'unica mamma che non sapeva come calmare suo figlio, che non lo capisse.
Probabilmente aveva fame e io avevo già i capezzoli sanguinanti! Non riusciva ad attaccarsi bene al seno, si innervosiva e io, che non dormivo da due notti, non sapevo cosa fare.
Un'infermiera del nido dell'ospedale mi ha passato "sottobanco" un paracapezzolo in silicone. Da lì mi sono rasserenata e non ne ho più fatto a meno.
La montata mi è arrivata il giorno del rientro a casa. Ricordo che avevo il seno gonfissimo, sembrava di marmo. La schiena dolorante. Aiutoooo!!!!
E tutto questo si aggiungeva ai dolori normali del post parto.
E ancora una volta non mi sono sentita adeguatamente preparata. Mi sono sentita sola, sbagliata.
Fortunatamente Tommaso stava meglio, riusciva a mangiare. Di latte ne avevo molto e lui riusciva ad attaccarsi e a succhiare con forza. Secondo il parere di chi mi seguiva l'attacco era corretto. Io però ero piena di ragadi, quindi probabilmente non era proprio così, il suo attacco non era così perfetto come cercavano di convincermi a credere. E non mi sono fatta mancare neppure mastite e ingorghi. Febbre altissima. Dopo una settimana ero distrutta.
Tommaso mangiava. Io piangevo.
Proprio non mi aspettavo tutto questo. Tantissime volte ho pensato che qualcuno le deve preparare davvero le neomamme all'allattamento. Il corso preparto era stato tutto incentrato sulla gravidanza, sul travaglio e sul parto. Qualche vago cenno all'allattamento ma nulla che potesse davvero aiutarmi in questa fase.
Tutti mi dicevano di tener duro.
Ho provato di tutto: coppette d'argento, creme, impacchi con la verza, con la ricotta, doccia calda... Tutto!!! La situazione non migliorava. Il bambino però cresceva bene. Tutti mi dicevano che l'allattamento stava andando bene. Ah certo...Benissimo!!!!

Passavano le settimane. Un pochino la situazione era migliorata ma i miei capezzoli erano sempre più doloranti e rovinati. Stavo davvero per cedere. In più cominciavano gli "scatti crescita" quindi il mio latte doveva adattarsi alle nuove esigenze del piccolo e via ancora con ingorghi e seno dolorante. Di latte ne avevo davvero tantissimo e avevo cominciato a tirarmelo e conservarlo, anche per ridurre il gonfiore nelle notti peggiori.
Durante un appuntamento al consultorio finalmente la svolta. L'infermiera mi ha suggerito una crema cicatrizzante che ha funzionato davvero. Da lì a poco non soffrivo più ogni volta che il bimbo si attaccava. Non mi sembrava vero. Ho cominciato finalmente a godermi quel momento, a provare quello che sentivo raccontare da altre mamme felici della loro esperienza. E tutta la fatica per arrivare a quel punto mi ha fatto vivere ancora più intensamente quei momenti. Dopo più di un mese ce l'avevamo fatta!
Avevo solo la scomodità di dover aver sempre con me i paracapezzoli di silicone, ma mi rendevano tranquilla e non sono mai stata pronta ad abbandonarli. Invidiavo tantissimo quelle mamme che dovevano solo tirarsi su la maglietta. Per noi era un po' più complicato: tenevo ancora le coppette d'argento, quindi dovevo togliere quelle e posizionare il paracapezzolo. Poi ho iniziato a mettere anche le salviette di cotone altrimenti mi si formavano le chiazze sui vestiti.
Insomma, con il primo figlio è stato tutto abbastanza complicato e tragicomico. Inoltre, ricordo che segnavo tutto: orari delle poppate e durata, lato da cui avevo allattato ecc.
Solo dopo un po' di mesi tutto ha cominciato a sembrarmi più naturale. Finalmente l'allattamento era diventato come me lo ero immaginata prima di partorire.
Quando abbiamo cominciato lo svezzamento, abbiamo provato a introdurre anche il latte artificiale ma niente. Non lo ha mai, mai, mai voluto. Ho allattato Tommaso fino ai suoi 18 mesi.
Poco dopo ho scoperto di essere incinta di nuovo. E il mio primo pensiero è stato "devo ricominciare coi dolori dell'allattamento!!!!". Incredibilmente non pensavo al parto ma all'allattamento.
E invece... Con Niccolò ho sofferto molto di più per il parto. L'allattamento è stato da subito un piacere. Niente perdite, niente ragadi, niente mastiti o ingorghi, niente seno duro, niente di quello che con il primo figlio mi aveva letteralmente traumatizzata! Forse seno e capezzoli erano ancora abituati dal

primo allattamento o forse ero semplicemente più sicura di me e più consapevole. Non so cosa ci sia stato di diverso ma è stata una piacevolissima sorpresa.

Rifarei tutto. Allatterei ancora, nonostante le difficoltà iniziali. Sono momenti magici che mi resteranno davvero sempre nel cuore.

Ma quello che direi a chiunque me lo chiedesse è "all'inizio può essere dura, molto dura!!! E soprattutto fatti aiutare, chiedi supporto, cerca una persona competente che possa darti le risposte che cerchi, che sappia consigliarti e supportarti. È normale non sapere come fare. Non è sempre naturale ma non scoraggiarti, può diventarlo presto. Le soluzioni adatte a risolvere il tuo problema ci sono sempre!".

Giulia, 33 anni
Mamma di Diletta.

Il 07 agosto, alla 42esima settimana, finalmente è nata Diletta, con parto cesareo. Dopo qualche ora dal parto me la portano in stanza e la puericultrice senza mezzi termini e tatto mi chiede se volessi allattare. Con le poche forze che ho annuisco, lei prende la bambina, la avvicina e con la sua boccuccia Diletta si attacca a me.

Io impacciata provo a ricordarmi gli insegnamenti del corso preparto: tienile la testa, prendi bene il capezzolo ecc.

Peccato che alla realtà nessuno ti prepara. Non ti dicono che è dura che devi avere tanta tanta pazienza e forza.

Rientriamo a casa che la bambina nata di 3.500 g ne pesa 3.100 g.

Mi fanno ritornare in ospedale ben 2 volte per il controllo peso fino a che il pediatra dell'ospedale mi consiglia di darle l'aggiunta perché la bambina non metteva peso.

Mortificata e demoralizzata torno a casa, tra pianti e rabbia. Stavo per mollare e cedere ma la vicinanza del mio compagno, di mia madre e l'aiuto di mia cugina – una mamma alla pari –, che mai smetterò di ringraziare, mi hanno fatto stringere i denti e mi hanno dato il coraggio per dire "al diavolo schemi, orari e tutto il resto". Ho deciso di intraprendere la via dell'allattamento a richiesta a costo di averla attaccata al seno per ore.

Dopo qualche giorno arriva finalmente la famosa montata e tutto diventa più semplice, anche se non meno impegnativo.

Abbiamo iniziato a viaggiare sulla stessa lunghezza d'onda. A ogni sua richiesta il seno era pronto per lei e i suoi occhietti che mi fissavano soddisfatti erano la risposta ai miei dubbi se stessi facendo la cosa giusta.

Le domande, le paure e tutte le preoccupazioni in poco tempo sono svanite e il momento più bello per me era quello in cui la sera ci mettevamo a letto, stese una accanto all'altra per unirci in quell'abbraccio solo nostro.

Oggi Diletta ha quasi 8 mesi e penso a quei momenti in cui vedevo tutto buio nonostante avessi accanto la luce. E sono ancora più fiera di non aver mollato e la soddisfazione più grande è quella di essere tuttora pronta per lei ogni volta che ne ha bisogno!

Alessandra, 36 anni
Mamma di Ilaria e Filippo.

Ero certa che avrei allattato. Non per qualche particolare posizione in merito all'allattamento. Non ero fissata, non ero una sostenitrice accanita, tutti schieramenti che ho scoperto solo dopo.

Mi sembrava semplicemente la cosa giusta da fare e anche la più economica.

Non avevo nemmeno comprato un biberon, convintissima che non mi sarebbe servito. E probabilmente è stata la mia fortuna.

Non avere in casa un biberon mi ha fatto resistere una volta in più, attaccare la bambina ancora una volta. Tanto non avevo un'alternativa lì pronta al momento.

Ilaria è nata a termine, con parto naturale ma molto impegnativo. Io ero molto stanca e provata. La bambina mi è stata subito attaccata al seno e ha cominciato a succhiare senza problemi. Ma io mi sentivo male, avevo dolori ovunque causati dal parto e desideravo tanto qualche semplice ora di riposo (essendo stata in travaglio per tutta la notte).

Tra le enormi difficoltà avviamo l'allattamento e veniamo poi dimesse dall'ospedale. Ed è casa la vera difficoltà, quella che nessuno ti racconta. I dubbi di avere abbastanza latte, nessuna indicazione su una figura a cui scrivere un semplice messaggino per avere una risposta e togliersi la preoccupazione. Le notti che non puoi sapere esattamente come potrebbero andare.

Ilaria che arrivava a fare anche 18 poppate al giorno, a volte smettevo di contarle. Magari la bambina restava attaccata un'ora, si addormentava, sembrava finalmente sazia e dopo solo 15 minuti chiedeva nuovamente il seno.

Cresceva, certo. L'aumento di peso era perfetto. Ma io ero comunque assalita dai dubbi: "per forza cresce, sta attaccata praticamente tutto il giorno". E ho pensato di non avere abbastanza latte finché un'ostetrica del consultorio mi ha semplicemente detto "tu non farti più domande, non guardare l'orologio, non misurare quanto resta attaccata, quanto tempo passa tra le poppate e quante ne fa in una giornata. Lascia che sia lei a guidarti. Tu probabilmente adesso non sai cosa sia giusto e cosa no. Ma lei lo sa sicuramente. Lascia allora che sia lei a fare le domande. Tu semplicemente dalle la risposta".
Da quel momento è cambiato tutto. Appena piangeva l'attaccavo al seno e tutto si risolveva immediatamente. Molte dicevano che così stessi rinunciando a comprendere le richieste della mia bambina. Ma non è vero. Qualsiasi fosse il motivo per cui Ilaria volesse il seno (mangiare, essere rassicurata, tranquillizzarsi), la risposta corretta era solo una: offrirle quello che chiedeva. A 3 mesi aveva regolarizzato le poppate e di notte si svegliava 1 o 2 volte. È stato tutto in discesa e abbiamo proseguito con l'allattamento esclusivo fino a 6 mesi pieni. Abbiamo poi affrontato l'esperienza dell'autosvezzamento che ci ha permesso di proseguire serenamente anche l'allattamento fino ai 13 mesi, quando ero già incinta di Filippo.
Con Filippo l'avvio dell'allattamento è stato molto più sereno e consapevole. Avevo raccolto talmente tante informazioni durante la prima esperienza che mi sono sentita subito capace e sicura.
Mi ha aiutato tantissimo la fascia che mi permetteva di stare a contatto con Filippo e allattarlo a richiesta senza togliere attenzioni a Ilaria.
Improvvisamente però, durante il secondo mese di Filippo, il bambino ha smesso di crescere. Non solo non metteva peso ma nell'arco del mese aveva pure perso 20 g. Apparentemente non c'erano problemi di nessun genere e lo stop della crescita era inspiegabile anche per pediatra e ostetriche del consultorio. Erano già tutti pronti con l'aggiunta di latte artificiale ma io sapevo di avere ancora una risorsa. Sapevo di aver commesso un errore. E lo sapevo solo perché avevo già alle spalle il precedente allattamento e le informazioni che avevo raccolto. Ma nessuno del personale sanitario che mi seguiva aveva indagato questo aspetto. Erano semplicemente più tranquilli prescrivendoci l'aggiunta.
L'errore che avevo commesso era che per la stanchezza stavo già provando a togliere a Filippo la poppata notturna, a 2 mesi. Quando si svegliava di notte cercavo di riaddormentarlo proponendogli il ciuccio o cullandolo senza

attaccarlo al seno.

Appena ho ripreso ad allattarlo di notte e a proporgli il seno con più frequenza durante il giorno anche senza che lui lo chiedesse esplicitamente, accorciando il tempo fra le poppate e aumentando la frequenza, Filippo ha ricominciato a crescere e non c'è quindi stato bisogno di ricorrere all'aggiunta. Anche con lui abbiamo proseguito con allattamento esclusivo fino ai 6 mesi, autosvezzamento e terminato l'allattamento intorno ai 13 mesi.

Sperando di aver chiarito qualche dubbio, di aver risposto alle tante domande e di averti aiutato a vivere con più serenità la fase l'allattamento, in chiusura, se ti va, mi piacerebbe poter leggere una tua recensione su Amazon, per migliorare il testo, completarlo, approfondire passaggi che forse ho dato per scontato, oltre che per aiutare altre mamme a capire se questo libro possa fare al caso loro

Un caro saluto.

APPENDICE

In questa appendice vengono inserite alcune schede aggiuntive rispetto a quanto previsto all'interno del volume.

Non sono inseriti argomenti nuovi ma solo approfondimenti o spunti ulteriori.

TABELLE CURVE DI CRESCITA (Fonte: Organizzazione Mondiale della Sanità)

TABELLA DEL PESO (0–6 mesi) – Femmine

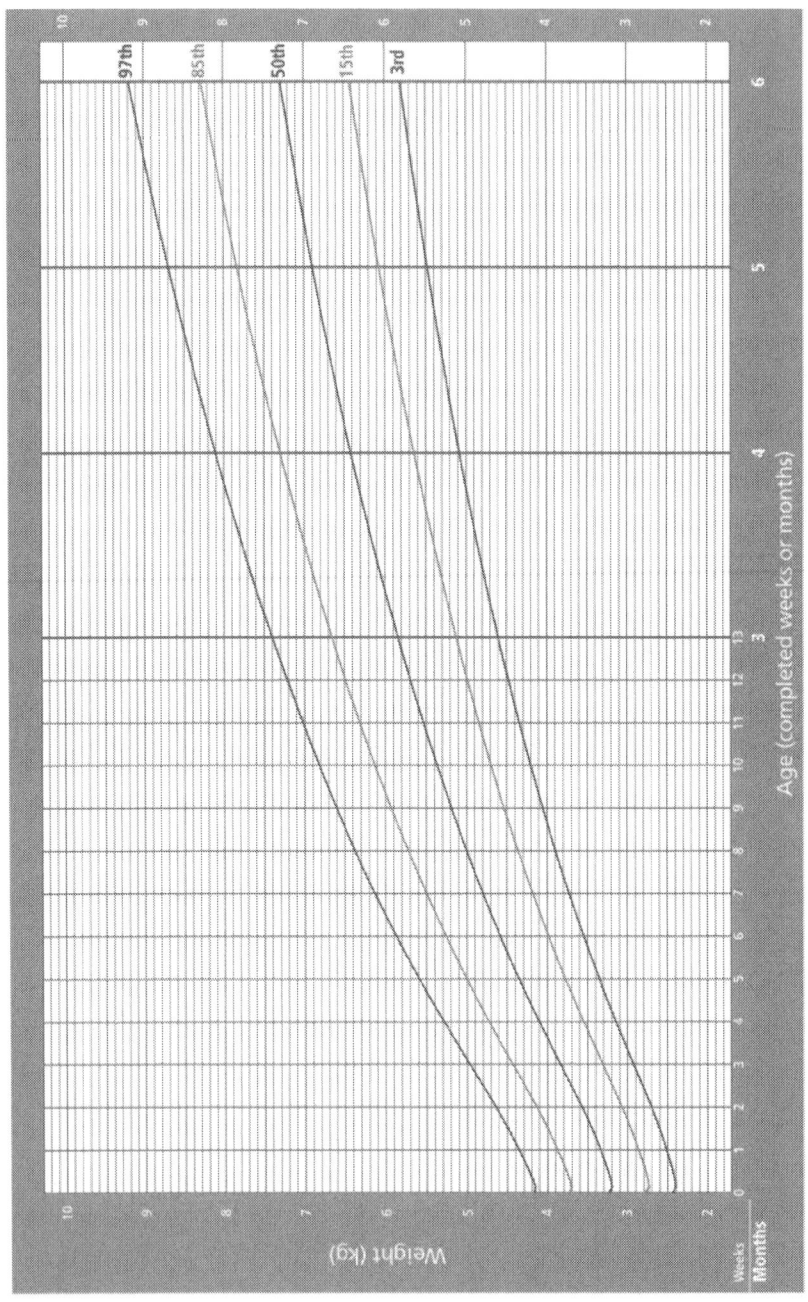

TABELLA DEL PESO (0–6 mesi) – Maschi

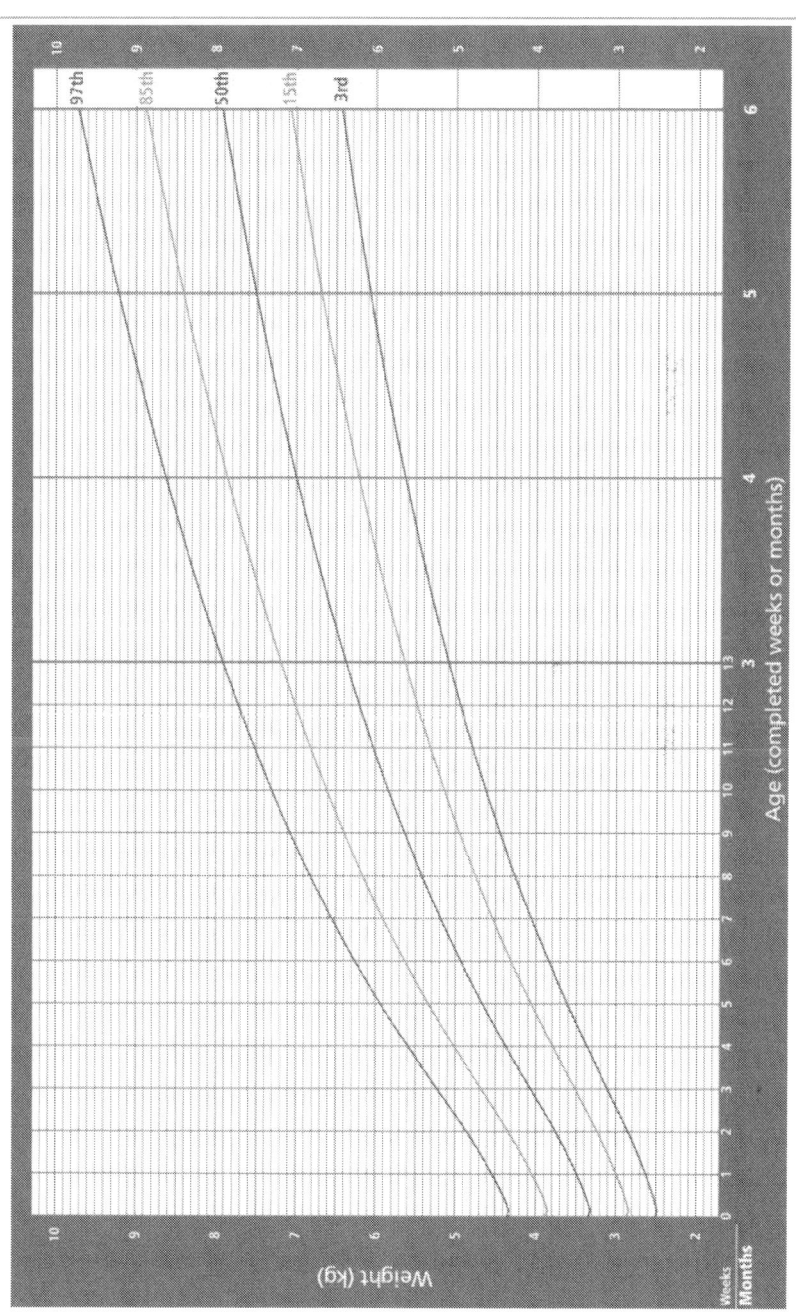

TABELLA DEL PESO (6 mesi – 2 anni) – Femmine

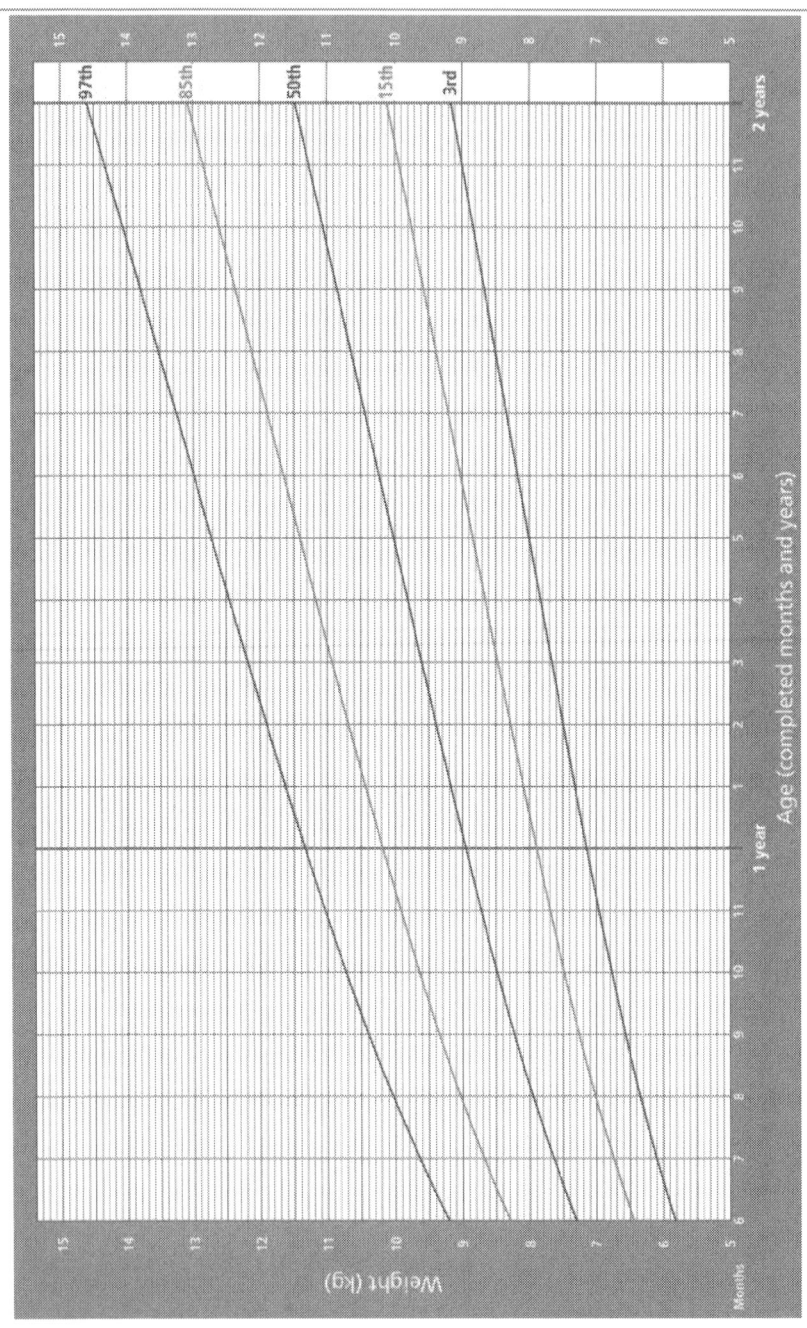

TABELLA DEL PESO (6 mesi – 2 anni) – Maschi

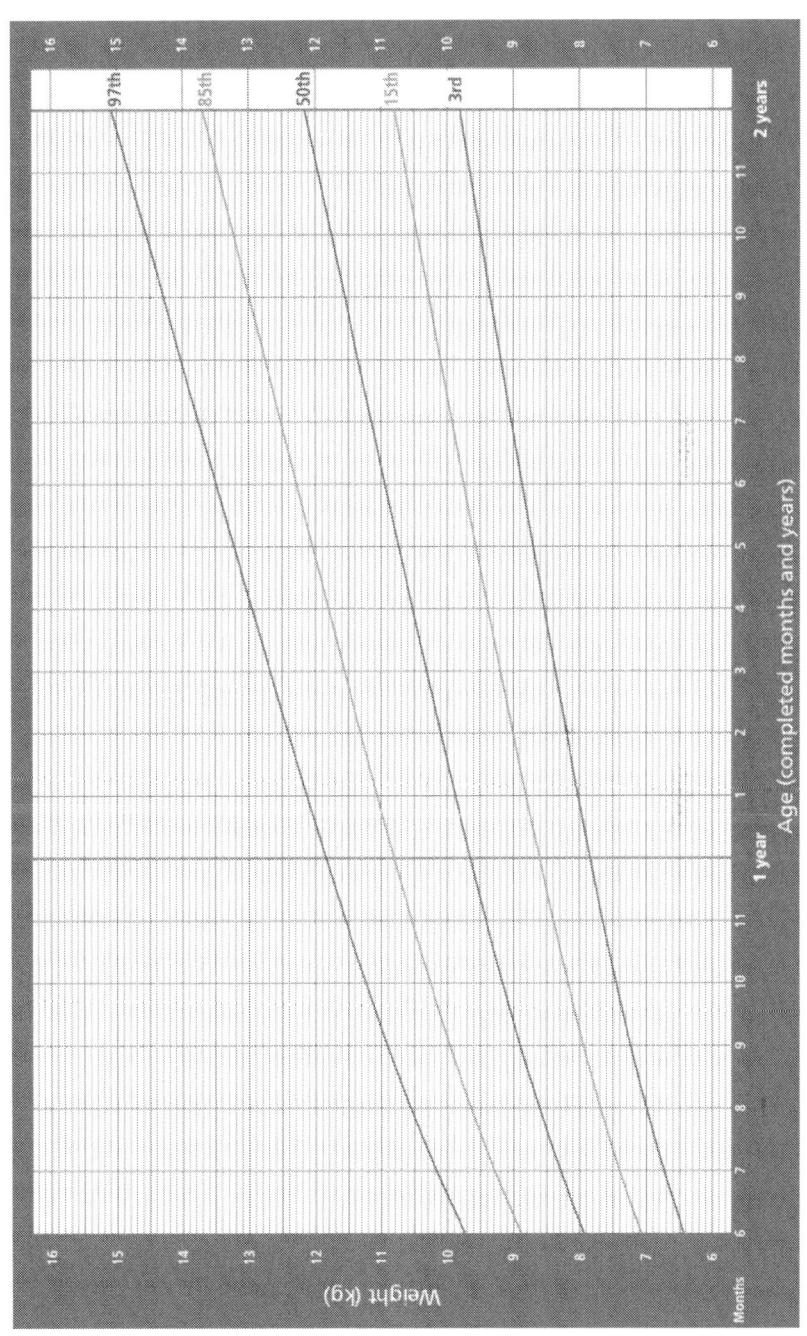

TABELLA ALTEZZA (0–6 mesi) – Femmine

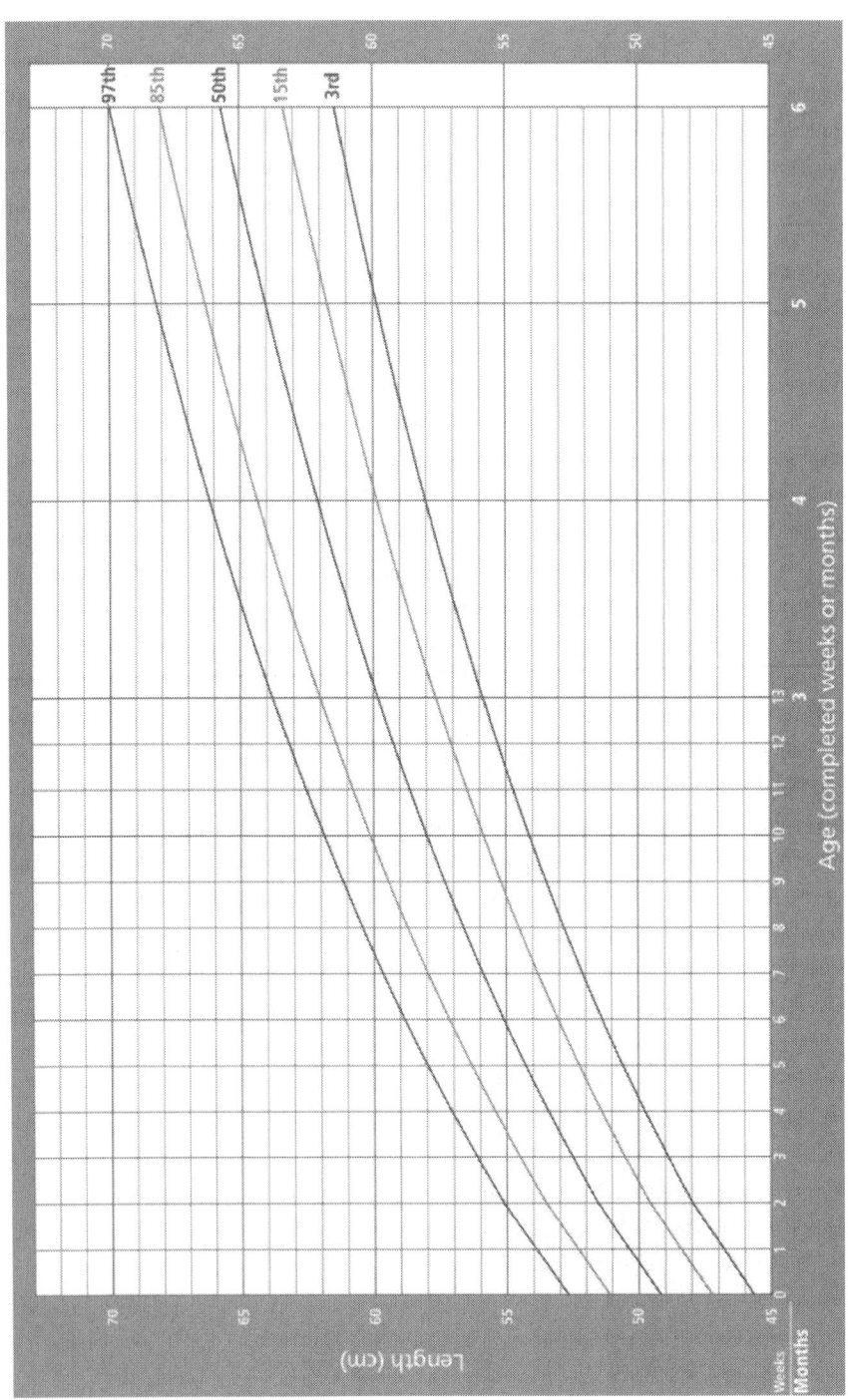

TABELLA ALTEZZA (0–6 mesi) – Maschi

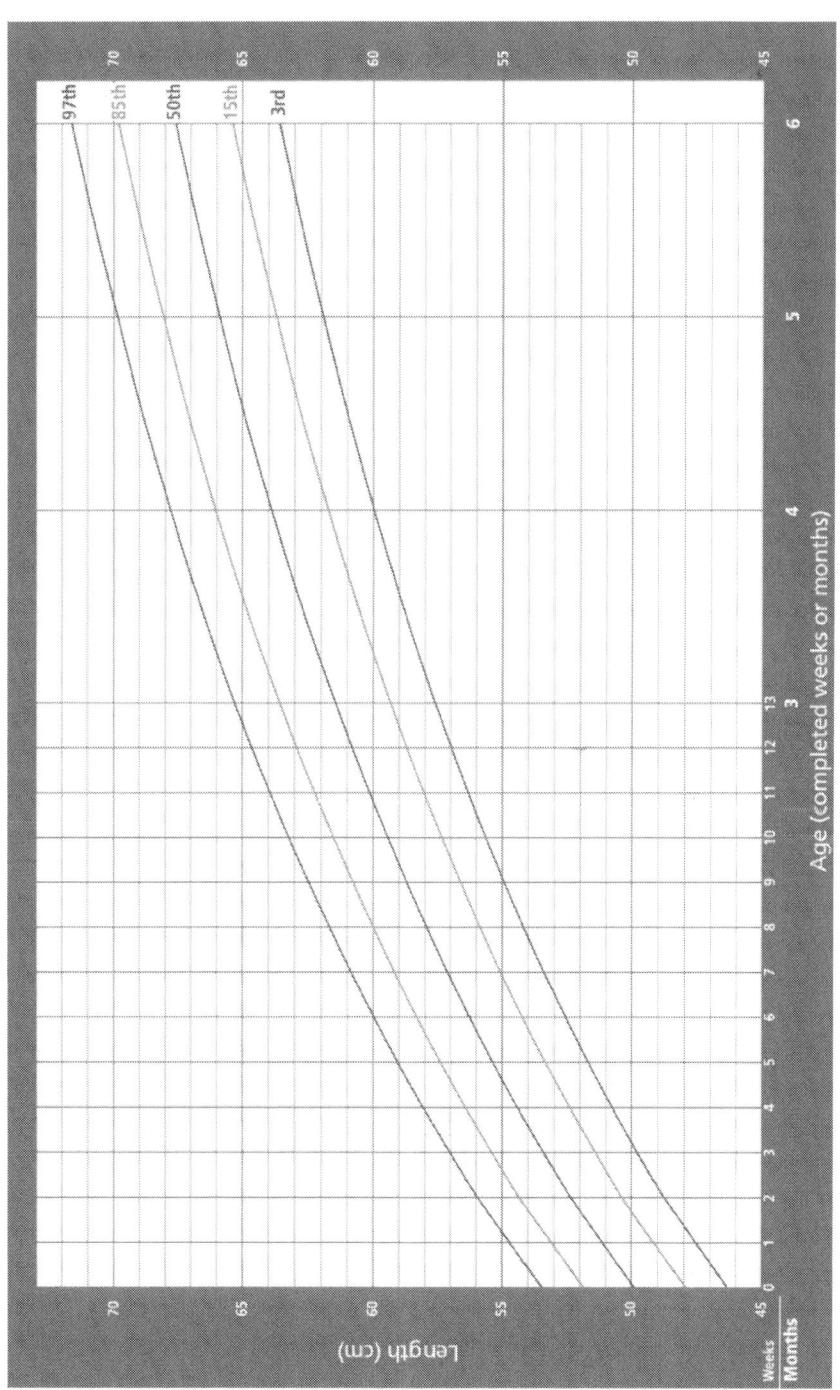

TABELLA ALTEZZA (6 mesi – 2 anni) – Femmine

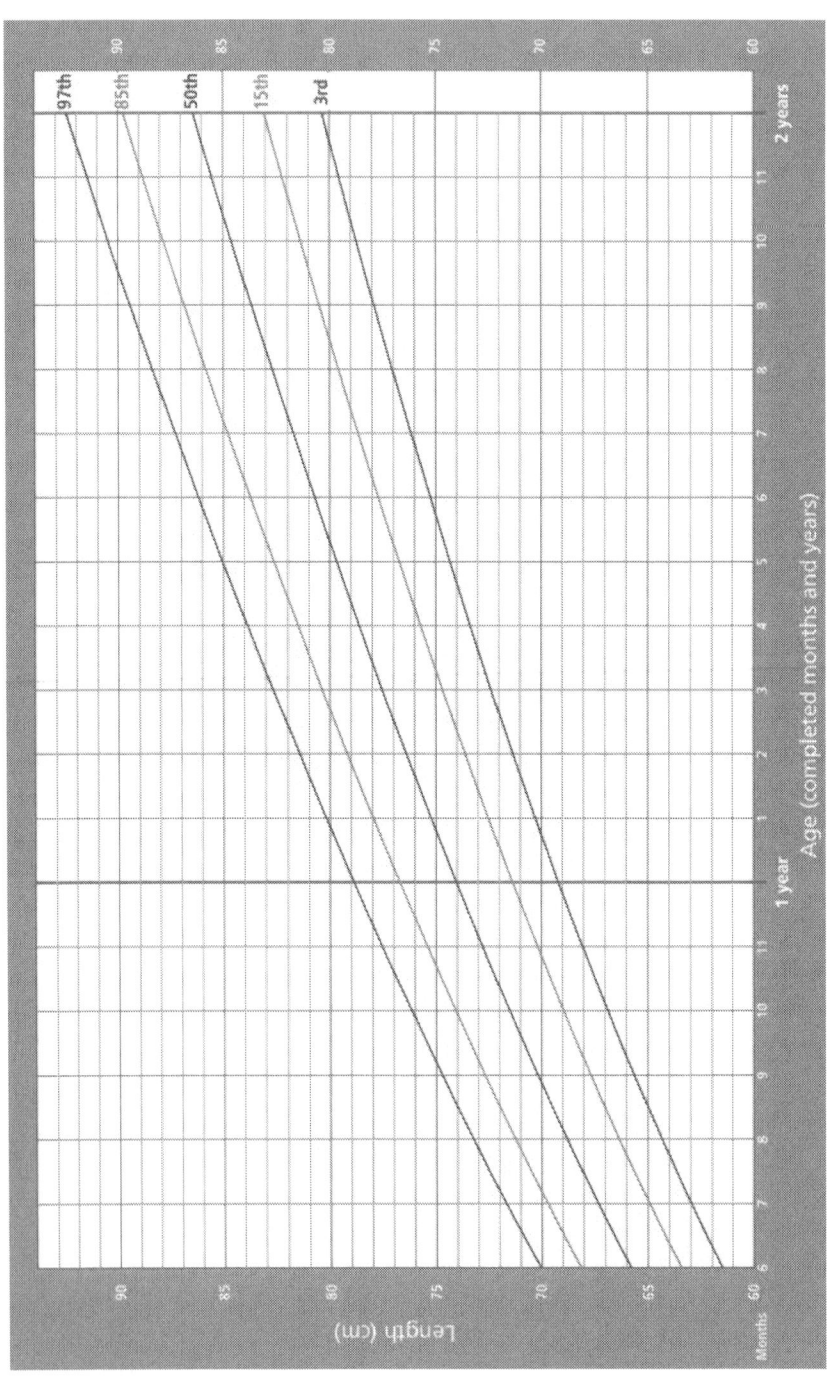

TABELLA ALTEZZA (6 mesi – 2 anni) – Maschi

TABELLA CIRCONFERENZA CRANICA (0–13 settimane) – Femmine

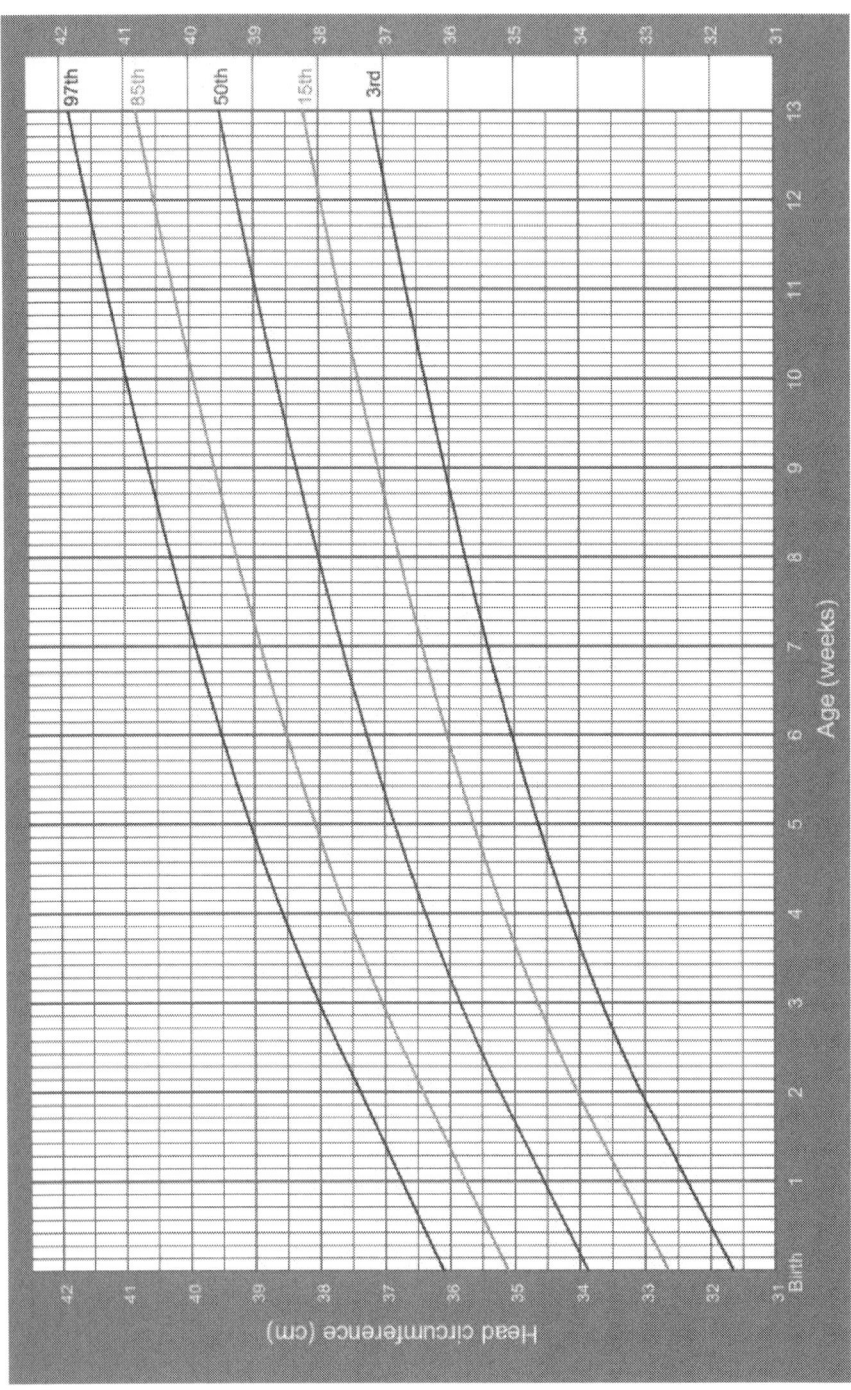

TABELLA CIRCONFERENZA CRANICA (0–13 settimane) – Maschi

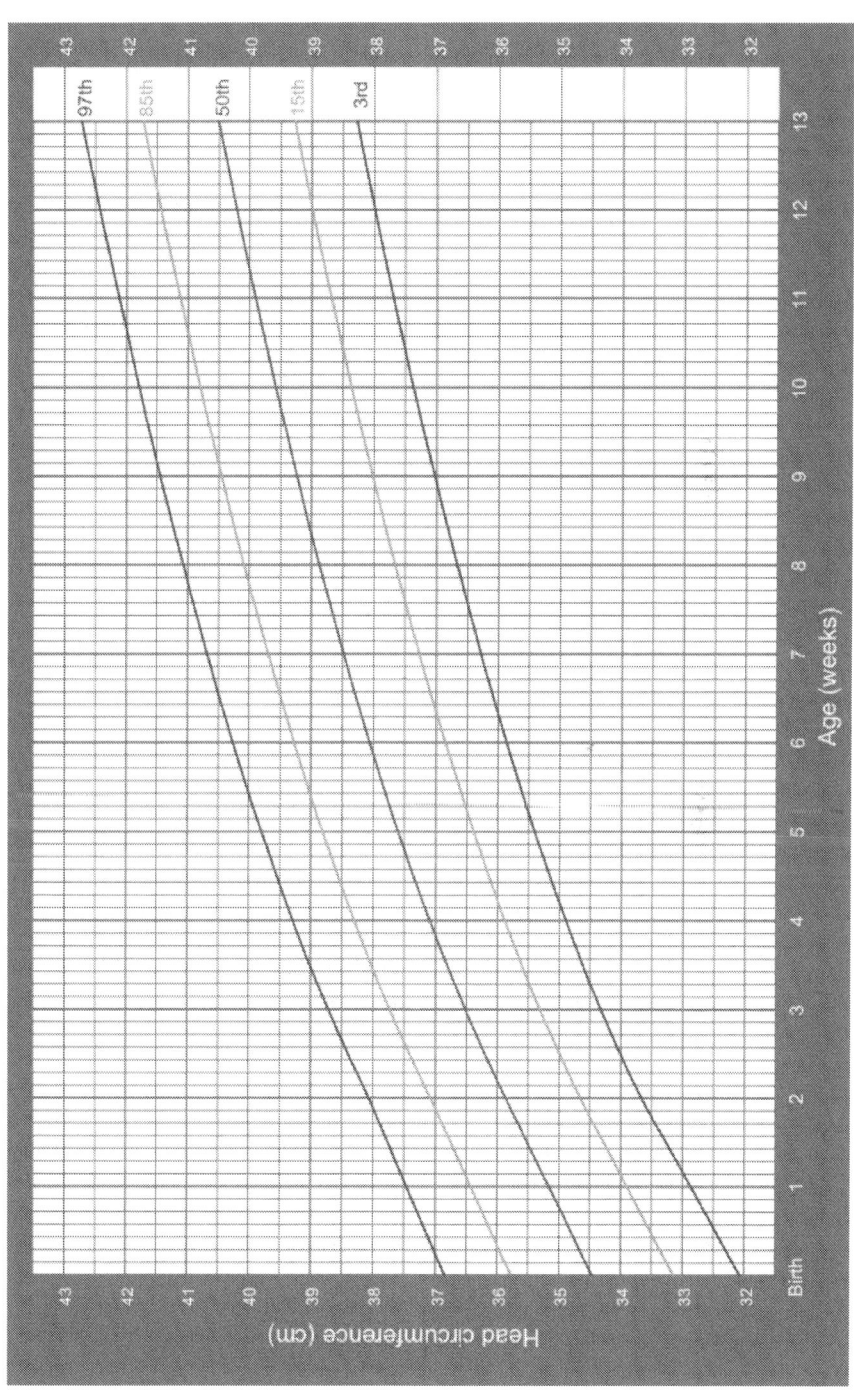

CALENDARIO CRESCITA

Data di nascita_____

Peso alla nascita_____   Peso alle dimissioni_____

Data	Peso	Altezza	Circonferenza	Note

BIBLIOGRAFIA E SITOGRAFIA

- https://www.who.int/
- www.onuitalia.it
- http://www.salute.gov.it/portale/home.html
- http://www.salute.gov.it/portale/allattamento/dettaglioContenutiAllattamento.jsp?lingua=italiano&id=1467&area=allattamento&menu=vuoto
- http://www.salute.gov.it/imgs/C_17_opuscoliPoster_303_allegato.pdf
- https://www.lllitalia.org/
- http://www.custodidelfemminino.it/
- http://www.salute.gov.it/portale/temi/p2_6.jsp?lingua=italiano&id=1926&area=saluteBambino&menu=alimentazione
- http://www.salute.gov.it/portale/temi/p2_6.jsp?lingua=italiano&id=3894&area=nutrizione&menu=allattamento
- http://www.salute.gov.it/imgs/C_17_pubblicazioni_2256_allegato.pdf
- http://www.salute.gov.it/imgs/C_17_pubblicazioni_2113_allegato.pdf
- https://www.unicef.it/doc/148/ospedali-amici-dei-bambini.htm
- http://www.salute.gov.it/imgs/C_17_pagineAree_1467_listaFile_itemName_8_file.pdf
- https://www.uppa.it/nascere/allattamento/guida-allattamento-al-seno/
- http://www.salute.gov.it/portale/allattamento/dettaglioCampagneAllattamento.jsp?lingua=italiano&menu=campagne&p=dacampagne&id=136
- http://www.salute.gov.it/portale/allattamento/homeAllattamento.jsp
- http://www.salute.gov.it/imgs/C_17_pubblicazioni_1619_allegato.pdf
- https://www.saperidoc.it/flex/cm/pages/ServeBLOB.php/L/IT/IDPagina/547
- https://www.who.int/publications-detail/9789241550086
- https://apps.who.int/iris/bitstream/handle/10665/272943/9789241513807-eng.pdf?ua=1

- https://www.cochranelibrary.com/cdsr/doi/10.1002/14651858.CD001141.pub5/epdf/full
- https://www.cochranelibrary.com/cdsr/doi/10.1002/14651858.CD003519.pub4/epdf/full
- https://www.cochranelibrary.com/cdsr/doi/10.1002/14651858.CD006641.pub3/epdf/full
- https://www.cochranelibrary.com/cdsr/doi/10.1002/14651858.CD009067.pub3/epdf/full
- https://www.cochranelibrary.com/cdsr/doi/10.1002/14651858.CD005255.pub5/epdf/full

- "L'arte dell'allattamento materno" di La Leche League
- Position statement sull'uso di farmaci da parte della donna che allatta al seno
- Un dono per tutta la vita: guida all'allattamento materno
- Come allattare il tuo bambino. Guida pratica all'allattamento e alla crescita di tuo figlio
- I cuccioli non dormono da soli: il sonno dei bambini oltre i metodi e i pregiudizi
- Il linguaggio segreto dei neonati
- E se poi prende il vizio?: pregiudizi culturali e bisogni irrinunciabili dei nostri bambini
- Allattamento al seno: ciò che tutte le mamme devono sapere a proposito dell'allattamento naturale
- Allattare: un gesto d'amore
- Tutto sull'allattamento naturale. I vantaggi per il bambino e per la mamma. Le tecniche, i disturbi più comuni e i rimedi

Printed in Great Britain
by Amazon